Introduction To Western Organization
And Management

西方组织管理
思想概要

李登样　编著

知识产权出版社
全国百佳图书出版单位

图书在版编目（CIP）数据

西方组织管理思想概要 / 李登样编著.

—北京：知识产权出版社，2016.8

ISBN 978-7-5130-4315-1

Ⅰ.①西… Ⅱ.①李… Ⅲ.①管理学—研究—西方国家

Ⅳ.①C93

中国版本图书馆 CIP 数据核字（2016）第 161455 号

责任编辑：齐梓伊　　　　　　　　　　责任校对：潘凤越

封面设计：张　悦　　　　　　　　　　责任出版：刘译文

西方组织管理思想概要

李登样　编著

出版发行：**知识产权出版社**有限责任公司	网　　址：http://www.ipph.cn
社　　址：北京市海淀区西外太平庄55号	邮　　编：100081
责编电话：010-82000860 转 8176	责编邮箱：qiziyi2004@qq.com
发行电话：010-82000860 转 8101/8102	发行传真：010-82005070/82000893/82000270
印　　刷：北京嘉恒彩色印刷有限责任公司	经　　销：各大网上书店、新华书店及相关专业书店
开　　本：720mm×960mm　1/16	印　　张：15
版　　次：2016年8月第一版	印　　次：2016年8月第一次印刷
字　　数：242 千字	定　　价：45.00元
ISBN 978-7-5130-4315-1	

目录

MULU

导　论

组织是人类为了生存和生产的需要结合而成的特定共同体。有人类就有组织。人类社会发展不同时期的组织形态是不同的。工业革命使英国产生了较为复杂的经济组织和工厂制度，这标志着近代组织的诞生。为了适应社会化大规模生产的需要，为了提高生产效率，以亚当·斯密（Adam Smith）为代表的组织理论家对工厂制度和组织管理进行了研究，这也是近代对组织问题研究的起点。随着社会的发展、社会化程度的加强、组织规模的扩大，影响组织的变量因素越来越多，组织的结构、行为、形态、文化等方面也都发生着重大变化，组织层面在不断扩展，组织的本质在不断丰富，组织的观念在不断变化，研究组织的视角越来越多样化，人们对组织的认识也随之不断深化。

第一节　组织研究的不同视角和方法

不同学者和流派基于不同的假设从不同的视角提出了不同的组织理论，这些理论并不是相互排斥的，而是互补的。对组织理论可以从不同角度进行分类，下面列举了两种关于组织理论的分类方法。

一、从稳态和变化两个维度来分析组织

伯里尔和摩根（Burrell, G. & Morgan, G.）于1979年从社会学角度来分析组织。他们从稳态和变化两个维度出发，把组织理论分成以下4种基本类型（如图0-1所示）并指出了各自的特点。

1

1. 稳态的功能主义

功能主义的组织理论包括古典理论、社会心理学派、权变理论等。这些理论的特点是：（1）把组织看成一种客观现象。其存在具有合理性。（2）把组织看成一个稳定的社会系统。可以采用自然科学的方法对组织进行研究，包括对组织进行分析、测量、通过实验和模型对假设进行检验。（3）组织需要稳定、平衡和秩序。

2. 稳态的解释主义

这些理论的特点是：（1）以构成组织的个体的主观经验作为出发点。认为现实不是独立地存在于人们之外的，而是由人们形成的。（2）组织需要秩序和整合，但组织并不是僵硬的、坚固的。构成组织的一些要素如组织结构、工作满意度、组织氛围等本身并不是有形的，但它可以使组织有形。（3）组织是可以被解释的，这种解释与个体的经验有关。如工作满意度只是独立个体经验的表达，并不是在集体意义上可以被描述的经验。

3. 激进的人文主义

这些理论以个体作为焦点。认为个体创造了他所生活的世界。世界充满了冲突和斗争，人们需要斗争。

4. 激进的结构主义

这些理论把组织结构作为研究的焦点。认为社会如同自然界一样是真实的、有形的。它关注的不仅是认识世界，而是改变世界，主要是改变它的结构。

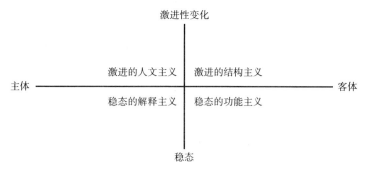

图0-1 伯里尔和摩根分析组织理论的4种框架[1]

---

[1] G.A.Cole, *Personal Management Theory and Practice*, Second Edition，D P Publications Ltd，1988，p.29.

二、从宏观和微观维度、决定论与唯意志论关于人性假设两个维度来分析组织

1983年，克兰汉姆·阿斯特雷（Graham Astley）和安德里维·万德温（Andrew Van de Ven）从宏观和微观维度、决定论与唯意志论关于人性的假设两个维度把组织的观点分成4种（如图0-2所示）。在宏观和微观维度上，根据组织理论研究的焦点将其分为集中于组织群体与单个组织。在唯意志论和决定论维度上，根据不同组织理论关于个体组织成员行为的基本假设分成两类：一类是个体组织成员的自治和自我定向；另一类是组织中的行为由结构的约束决定。

图0-2 阿斯特雷和万德温关于组织的4种观点❶

第二节 本书的特色

一、以问题为主线，指出组织研究主题的演变过程

组织主题的变化是以问题为基础的。组织和管理在不同时期所面临的问题是不同的。问题可分为两类，一类是组织和管理活动过程中面临和出现的问题，属于实践性和情境性的问题。另一类是与此相关的理论问题，是组织理论本身发展中的问题。这两类问题是相互联系的，前者是后者的基础，实践中出现了新的问题才会引起理论的变化。一般来说，不同时期组织研究的主题是单一的、明确的，但这也不是绝对的。在某些时期组织研究的主题是并存的。特别是在近二三十年，多种主题是并存的。如文化、后现代、信息技术、权力和政治、组织变革等主题都是并存的、是相互交织在一起的。由此，组织研究主题的演变只是大致刻画出组织研究的基本线索。主题的演变不是直线式的，在不同时期也并非

❶ Jay M.Shafritz，J.Steven Ott, *Classics of Organization Theory*, Third Edition, Brooks Cole Publishing Company, 1992，p.7.

只有一个主题，如果这样认识组织研究的发展过程就容易导致简单化。本书只是简单地勾勒出组织研究的大脉络。组织越是发展，组织的主题就越是相互关联。因此，我们既要看到特定时期组织研究主题的单一性、确定性，也要看到主题的变化性和相互关联性。

二、指出认识组织过程中的关键点

组织研究的问题是不断变化的，对组织的认识也是不断深化和拓展的。研究者们在不同时期从不同视角、不同方法来研究组织的不同侧面，得出不同的结论，形成了对组织的不同认识。有的认识之间是彼此相容的，后来的认识建立在前面认识的基础之上。有的认识之间是彼此对立的，后来的认识是为了纠正和弥补前面的认识而形成的。在认识组织的过程中，存在一些关键点。本书力图指出这些关键点，并把这些关键点连接起来，这样就可以看到组织认识的大致链条。

三、指出影响组织形成和发展的变量及关系

组织的形成和发展受多种变量的影响，影响不同类型的组织的变量是不同的，这些变量和变量关系主要有以下几种。

1. 组织整体系统中的变量

组织是大系统，这个系统包括政治、经济、文化、社会、环境等方面，这些不同的方面都是变量，这些变量对组织都有不同的影响。

2. 组织子系统中的变量

组织中的经济、政治、文化、环境、社会等方面既是独立的变量，也是子系统。在这些子系统中，存在多个变量。如文化子系统中涉及亚组织的文化、环境、个体与群体等多个变量，这些变量本身也可以构成子系统中的变量系统。

3. 变量之间、变量系统之间的相互作用

影响组织的不仅是变量，还有变量之间的相互作用。这些相互作用包括：（1）大组织自身的变量之间的相互作用。（2）子系统内部的变量之间的相互作用。（3）子系统与子系统变量之间的相互作用。（4）整体系统与不同子系统变量之间的相互作用。

从静态来看，组织受多种变量及其变量之间的相互关系的影响。从动态来看，组织的发展是从单变量到多变量、从较少变量到较多变量的发展过程，也是

变量子系统之间、变量子系统与整体变量系统之间的相互作用的过程。组织越复杂，涉及的变量就越多，变量间的相互关系也越复杂。变量的复杂性导致现代和未来的组织的不确定性。组织发展的趋势是，变量之间的关系越来越复杂，在不同层面上都存在组织中多变量之间的相互作用，组织研究应该揭示这种相互作用及其发展态势。

四、指出组织观念和概念的演变

组织的观念和概念是变化的。不同时期、针对组织的不同问题、受不同组织变量影响、从组织不同角度提出的组织概念，只是在特定的条件下、特定的范围内是有效的。随着新问题的产生，影响组织的新变量出现，就会出现新的组织关系，这就需要突破传统的组织观念和概念，树立新的组织观念和提出新的组织概念。

组织的概念是对组织本质的认识。从微观看，不同的组织概念体现的是不同阶段、不同层面、不同角度对组织的认识，这样的组织概念是具体的、局部的。从宏观看，可以把组织概念看成一个整体性概念，每个阶段、每个层面和侧面的组织概念都是构成整体组织概念的有机部分，整体的组织概念包含这些局部的内容。组织是动态的概念体系，展示的是对组织本质认识的不断发展和深化过程。组织概念的发展，并不是说以前的概念过时了，也不是否定以前的概念，而是不断丰富其内涵。

五、指出组织的不同模型

组织的模型是对组织变量因素及其相互作用的描述。组织模型是建立在组织本身的特征和对其认识的基础之上的。由于组织变量的不同和变量的增加，它们之间相互作用的方式也就不同，组织模型也就不同。从微观看，组织的不同类型、不同阶段、不同层面、不同侧面都有不同的模型。从宏观看，整体组织可以说是一个大模型，它是由不同类型、不同阶段、不同层面、不同侧面的模型组成的。组织模型的发展也是从简单到复杂的变化过程。从动态看，组织模型有几个变量的组织模型、多变量及其相互作用的组织模型、整体变量相互作用的、动态的、整体的组织模型。

组织研究主题的演变应该把核心问题、变量因素、组织概念和组织模型4个方面结合起来。问题是组织研究的基础和根据，变量揭示的是影响组织发展的因素，概念揭示的是对组织本质的认识，组织模型是对组织抽象化和具体化的认识。组织研究的过程应该是这几个方面有机统一的过程。

研究国外组织研究的历史发展具有重要意义。一方面，国外对组织的研究已经形成了一整套比较系统的理论体系，提出了一些理论模型。随着全球化和信息技术的发展，组织研究出现了许多新的问题，影响组织发展的变量因素不断增加，新的组织形式也不断出现，这就需要研究国外组织发展的过程，了解组织研究的流变过程。另一方面，随着我国改革开放进程的不断深入，传统的组织形式正在发生变革，出现了影响组织变化的新因素，这就需要对组织问题和组织理论进行深入的研究，变革传统的组织观念。特别是国外组织问题产生的历史条件、经济条件、文化背景与我国不同，他们在不同历史阶段所关注的主要问题、影响其组织发展的变量因素也与我国不同，他们的组织理论的文化基础、制度基础、体制基础也与我国不同。我们要立足于中国的传统和现实，放眼世界，进行综合创新，形成具有时代特色的组织理论。

第一章　如何建立有效的组织和管理

第一节　概述

从18世纪末到20世纪初，组织和管理主要研究的问题是如何提高组织和管理的效率。那个时代的组织和管理的理论家和实践者研究了经济组织、一般组织和行政组织，总结了当时管理理论和实践的经验，提出了与此相联系的组织管理理论、原则、模型和方法。这些思想、原则、模型和方法的形成受多种因素的影响，如政治、经济、文化、历史条件和现实因素等。

一、有效的组织和管理的形成

（一）古代和近代组织和管理思想和方法的影响

古代，在军队、教堂、政府等组织中，就存在通过对组织的科学设计和对人员的合理安排来提高组织效率的方法。例如，在《圣经》的《出埃及记》中，为了建立有效的组织和管理体制，❶摩西就选择了所有以色列人中最有能力的人作为领导人，并建立了分别包括数千人、数百人、数十人的阶梯型的领导体制，重大问题仍然由他自己决策，管理者可以自行决定一些小事。摩西通过这种阶梯式的组织体制、集权和分权的决策模式，大大提高了组织和管

---

❶　Jay M. Shafritz，J.Steven Ott，*Classics of Organization Theory*, Third Edition, Brooks Cole Publishing Company, 1992, p.25.

理的效率。这种组织结构和管理方法对后来的组织和管理者产生了一定的影响。

19世纪的企业家需要寻找适合的工厂管理的方式，腓特烈大帝时代的普鲁士军队的组织和管理体制则对此产生了直接的影响。1740～1786年在位的腓特烈大帝为了把军队改造成为一个有效的标准化组织，采取了以下一系列改革措施和具体方法。

1. 改革措施

（1）在军队实行军衔制度和统一制服。（2）对军规进行延伸并使之标准化。（3）加强职责的专业化。（4）统一使用标准化的设备。（5）创造能够通用的语言。（6）对军事技能进行系统的培训。

2. 具体方法

（1）在训练程序方面，要求军队的分支机构从零起步组建，以便进行替换。（2）将专业顾问（参谋）和统帅部门分离，使专业顾问能够更好地为组织服务。（3）给分支机构更大的自主权。允许各分支在不同战斗场合中有更大的自主权。腓特烈大帝的这些方法对于解决工厂生产中的问题也有重要的影响作用。❶

（二）需要解决管理实践中遇到的问题

工业革命提高了劳动生产率，也在实践中遇到一些需要解决的问题：（1）通过何种组织方式来进行大规模的生产并对其进行有效管理。（2）在生产过程中，需要大批人员参加，如何控制和协调这些人的活动。（3）如何把资金、厂房、原料、机器、人力资源等各种生产要素组合起来，最佳地利用这些资源，降低成本，以最小的投入获得最大的回报。这些问题的实质就是采取何种有效的组织形式和管理方法，这一问题就成为当时组织研究的核心问题。一些组织和管理学家对这些问题进行了研究，提出了相应的组织和管理原则。建立在工厂制度基础上的组织和管理原则，也逐渐成为一般的组织和管理原则。

二、亚当·斯密的分工思想产生了重要的影响

亚当·斯密（Adam Smith）在1776年出版的《国富论》中指出了分工的作

---

❶ ［加］加雷斯·摩根：《组织》，金马译，清华大学出版社2005年版，第22页。

用。他认为，市场是看不见的手，它可以自发地进行调节，而分工在市场机制中起着重要作用。在生产中只有合理和有效的分工，才能有效地进行生产，从而获得较大的效益。斯密指出分工的主要作用有以下几点。❶

（一）分工提高了工厂生产的效率

他用生产大头针的例子来说明劳动分工可以提高产量。他指出，如果一个大头针完全由一名工人生产，这名工人就必须把所有的工作做完。如果一个大头针由一些人共同生产，每个工人只需要做其中的一部分工作，这样就会更有效率。这是因为：（1）分工有利于在劳动过程中技术的应用。（2）分工降低了人员从一项任务向另一项任务转变所需的成本。（3）长期从事某一工作或完成某项任务更容易积累经验，提高熟练程度，从而提高效率。（4）长期从事某一工作也有利于技术的改进和机器的发明。

（二）分工导致了管理体系的初步形成

斯密认为，分工不仅可以提高工人和工厂的生产效率，也出现了工人和管理者的分工，导致了管理等级的出现。有分工就需要管理，有一部分人专职从事工作部门的设计，有一部分人就负责管理和协调工作，横向的分工导致了纵向的管理等级的出现。

斯密的分工思想在后来的一些工厂中得以实施。例如，在英国的伊特鲁里亚陶瓷工厂里建立了一种新的生产体系，这种新的生产体系包括部门生产和流水线作业。部门生产是把工作过程分解为不同部门的生产体系，每一个部门都有生产主管。流水线作业是指工作以流水线的方式进行，可以最大限度地降低每项操作所需的技术。在伯明翰的索霍工厂中也有一种类似的方法。这些都是以分工为基础建立的工厂体系，他们所创立的工厂组织形式和控制方法后来从英国传播到其他国家，对其他国家的工厂制度的建立和管理起了重要的作用。❷

三、哲学、经济学、自然科学等理论和观念产生了重要影响

当时的组织研究并不是孤立的，18世纪的哲学、经济学、自然科学、工程学等理论和观念对组织和管理的研究产生了重要影响，他们主要有以下4种观念。

---

❶ [英]亚当·斯密：《国富论》，郭大力、王亚南译，北京联合出版公司2003年版。
❷ [英]Bernard Burnes：《变革时代的管理》，任润、方礼兵译，云南大学出版社2001年版，第57页。

（一）机械的观念

这种观念把组织看作一架机器，组织中的工人是这个机器中简单的零件，组织作为机械系统，一旦开动起来就会按照既定的轨道运作。这种观点不考虑组织中人的因素，也不考虑人的非理性因素，只是把组织看作机器、规则，人成为机器的一部分，在整个组织中是"见物不见人"。

（二）确定性观念

这种观念把组织看成是在封闭的、静态的、不受外部环境干扰的条件下运作的理性实体。组织完全是按照预定的目标来实现的，目标和结果之间有着严格的、确定性的关系。组织的结果是可以预测的，组织控制就是按照这种严格的、确定的因果关系来进行。

（三）最优化观念

由于受机器生产思维方式的影响，这种观念认为组织也像机器一样存在最佳的运行方式和组织方式。组织中存在最佳的结构，决策中有最优化的决策，在管理中也存在最佳的、唯一的科学方法，而且组织研究应当寻求这种最佳方式。

（四）效率最大化观念

这种观念研究特别强调技术的合理性，认为可以通过技术的合理性达到效率的最大化。在这种观念看来，通过清楚地确立目标，经过分工使任务专门化，确定最佳的方法，引入一个控制系统来确保产品的一致性、可靠性、标准化就可以大幅度地提高效率。

四、一些管理经验和原则成为后世组织和管理的基础

在这一时期，一些管理的实践者在从事具体管理活动的过程中，总结了一些行之有效的经验，这些经验也逐渐上升成了一般的、普遍的管理原则。

（一）工厂组织中的分工原则可以成为一般的管理原则

凯尔勒斯·巴贝奇（Charles Babbage）指出，工厂组织的管理原则具有普遍性，可以从对工厂管理的经验中提升管理原则。他提出分工是普遍的原则，它可以应用到任何具体的工作过程中。他还指出了脑力劳动和体力劳动之间以及它们内部之间的分工，也指出会出现企业家、技术专家和普通员工三个阶层。

（二）工程管理和工厂管理应该有机地结合起来

亨利·汤（Henry R. Towne）于1886年提出了一些管理的思想和方法。（1）工程师应该和经济学结合起来，这样可以提高管理效率。（2）工程管理和车间管理具有同等重要的作用。（3）把工厂管理和会计管理结合起来。（4）设立专门的经济管理部门。（5）对工厂进行科学管理也可以降低成本。他还提出应该对管理经验进行总结和归纳，从而形成普遍的、科学的管理方式。亨利·汤的这些思想和方法对福瑞德里克·泰勒（Frederic W.Taylor）的科学管理的形成起了重要的作用。

（三）铁路管理中的责任和权力原则也是一般管理的原则

1920年，丹尼尔·迈克卢姆（Daniel C.McCallum）负责美国铁路的管理工作。在铁路管理中，他提出了对责任的划分、权力和责任相一致、具有对责任检查的手段和方式、有报告和信息反馈机制、对失职行为可以及时纠正等原则。这些原则后来也成为一般管理中的原则和方法。

这一时期的组织研究主要是围绕提高组织和管理效率展开。泰勒等人主要是研究如何在工厂中提高劳动生产率。他们提出了劳动的定额、生产过程的标准化、计件工资、劳资双方合作等管理方法。亨利·法约尔（Henry Fayol）提出了管理活动主要包括计划、组织、指挥、协调和控制，并提出了14条管理原则。他认为这些管理原则可以适用于企业及企业之外一切组织。马克斯·韦伯（Max Weber）把重点放在行政管理上。他指出理想的行政组织具有稳定性、精确性、纪律性，是可以提高组织效率的。卢西·古力克（Luther Gulick）提出了管理的7项职能：计划、组织、人事、指挥、协调、报告、预算。

从斯密到韦伯构成了一个完整的体系，也形成了适合不同国家的组织和管理模式，包括以斯密、巴贝奇为代表的英国模式，以法约尔为代表的法国模式、以泰勒为代表的美国模式，以韦伯为代表的德国模式。

五、研究的主要内容

（一）分工和专业化

分工是贯穿这一时期的主线。自从斯密提出分工是提高组织效率的方法以来，这一思想得到了不断地发展。巴贝奇认为分工原理可以应用到任何具体的工作过程中，指出了脑力劳动和体力劳动之间和它们内部之间的分工并预见会出现企业家、技术专家和普通员工3个阶层。法约尔认为分工是自然的规律，分工包括技术领域的分工和管理领域的分工。古力克认为，分工是组织的基础，是组织产生的原因。泰勒指出了生产过程的分工、管理者和工人的分工。

（二）组织形式和结构

斯密认为工厂组织是可以进行大规模生产的有效形式。法约尔提出了自上而下的金字塔式的组织结构的特点，它是以权力的集中为特征的。泰勒提出了从下到上的组织结构，韦伯研究了科层制组织结构的特征。

（三）组织目标

组织应该有明确的目标，这个目标是单一的，其目标是最大限度地获得经济利益。

（四）控制方式

组织要实现特定的目标，就要有与此相适应的控制方式。这些控制方式是以垂直控制、权威控制、等级控制为特征的。它包括上下级之间、管理者和被管理者之间的关系。

（五）协调机制

仅仅控制是不够的，有分工就有协调，也需要协调。这种协调主要是以统一指挥为主的纵向协调。

六、研究视角和方法

（1）主要研究组织内部的关系，没有考虑组织与环境的关系。

（2）对组织进行静态性的研究，很少考虑组织的动态性。

（3）多学科综合进行研究。如哲学、经济学、机械工程学等多学科综合研究。

七、基本假设

（1）组织是理性的实体。组织中的人是有理性的经济动物，人是受利益驱动的。组织是个体的集合，这些个体集中于通过把组织变为高度规范、有差别的和高效的结构，以实现相对具体的目标。

（2）组织是机械的封闭系统。组织是一个机械系统，一旦开动起来就会按照既定的轨道运作。组织中的工人是这个机器中的简单的零件，他们完全受组织这个机器的控制，没有自主性、能动性。

（3）组织中存在共同的经济目标，组织就是为了实现共同目标而存在的。

（4）组织中存在一个最佳的组织结构，这个结构是可以设计出来的，这个结构是为了获得最高效率而构造的。

（5）组织是由合法的管理权威进行计划和控制的系统。它通过对等级关系进行明确的划分，进行专业化的分工，使人们能够有效地工作，从而实现组织目标。

（6）组织是监督和协调体系。对任务的专业化和分工机械指导和控制是必要的。为了保证协调，需要对组织成员进行监督和控制，而管理是主要的负责力量，正式的等级结构是取得协调的机制。

八、组织的观念和概念

（1）组织是由单个分工单元组成的统一体。

（2）组织是由主要管理者控制的整个分工单元系统。

（3）组织是单个分工单元组成的统一体和由主要管理者来控制的分工单元系统的结合。

泰勒等人对组织和管理有效性的研究适应了当时的要求，对于指导当时的管理实践起了重要的作用。它所提出的一些问题是后来乃至当今一直研究和仍然需要进一步解决的问题，它所提出的组织和管理原则随着实践的发展得到了修正、补充、完善。当然，这一时期对组织的研究也有一些局限性。例如，把组织看成封闭性、机械性的实体，重理性轻非理性、重组织内部轻外部环境、重经济轻社会、重结构轻个人、只见组织不见个人等。这些局限性与当时的历史条件、思维方式等多种因素有关。随着理论和管理实践的发展，这些局限性就越来越突出。正是由于这些局限性，才引起后来对它的反思和批判。也正是在这一过程中，积极的、合理的因素被保留并得到进一步发展，不正确的方面得到纠正、不完善的方面日趋完善。组织理论的发展过程就是不断修正、丰富和完善的过程。

第二节　管理的普遍原则和自上而下的组织模型

法约尔是法国的工程师。他曾经在企业工作并担任过高层领导，也曾经在管理机构中专门从事管理研究。因而他是从大企业的整体性出发来研究组织和管理的，他最早对组织和管理中的要素进行了综合并使之系统化和理论化，并认为管理的原则对各种组织都是适合的。泰勒比较重视任务层面上的效率，重视采用技术手段来提高个体工人完成任务的效率。法约尔重视从组织的整体层面考虑问题，并通过采取合理的组织结构和管理原则来保证组织的效率。他于1916年指出了经营的6种职能、管理的5个方面、14条管理原则。❶

一、6种经营活动和管理的5个方面

法约尔在《管理的一般原则》中提出了6种经营活动和管理的5个方面。

（1）6种经营活动：技术的（商品的生产）；商业的（买、卖和交换活动）；财政的（提高和利用资本）；保险（财产和人员的保护）；会计；管理。

（2）管理的5个方面：计划、组织、指挥、协调、控制。

二、管理的一般原则

1. 分工

分工是自然的规律，分工的目标是通过专业化的优势，用同样的努力取得更好的效果。分工包括技术领域的分工和管理领域的分工。

2. 集中和分散

集中也是自然的，它是从组织的高层出发的。集中本身并无好坏之分，问题是要适合不同的管理和情境。集中和分散之间存在一个比例问题，不同的情况下有不同的适合方式。例如，在小型企业，可以由上级领导直接把命令传到下层，权力就比较集中；而在大型企业，在高层和基层人员之间有许多中间环节，权力就比较分散。

3. 职权和责任

职权是发号施令的权利和使人完全服从的权力。权力伴随着相应的责任。要奖励和鼓励积极的、好的行为，惩罚和遏制不好的行为。

---

❶ [法]亨利·法约尔：《工业管理与一般管理》，周安华译，中国社会科学出版社1982年版。

4. 纪律

纪律是尊重组织与其成员的协议的外在标志，是保证组织有效运作的基本条件。

5. 统一指挥和统一命令

在有同样目标的小组的行动中，应该只有一个领导和计划，这是保持行动的一致、力量的协调的最主要条件。统一指导也就是方向的一致性。方向的一致性是为组织提供了方向和基础。统一命令也就是命令的一致性。命令一致性是对员工的要求，命令的一致性是指一个雇员只能听从一个领导的命令。方向的一致性是命令的一致性的基础。没有方向的一致性，命令的一致性就不存在了。

6. 个人或团体的利益服从组织的整体利益

组织利益应该先于个人和团体利益。在企业中，企业利益应该高于个人利益；在家庭中，家庭利益应该先于成员利益；在国家中，国家利益高于一个或一些公民的利益。在管理中要做到：领导要做出表率；协议尽可能要公平；经常性的监督。

7. 公平、合理地支付员工报酬

要公平合理地支付员工的报酬。要保证报酬是公平的，要通过奖励来调动员工的积极性和热情，报酬要有限度。

8. 集权

集中和分工一样是自然的。由领导统一发出命令，去指挥组织的各个部分。集权和分权本身无所谓好坏，关键是要适合不同的情境。集权和分权之间有一个比例问题，在小企业集权程度可以高些，大企业则应该适度分权。

9. 从最高权威到最低职位的管理链

组织中存在从高到低的链条，在链条上每个层级的人都各有职责，都应受到公平的待遇。

10. 建立合理的秩序

社会是有秩序的，每个人都有一个位置，每个人都应该在他应该在的位置上发挥作用。人都有长处和短处，社会应该为每个人提供适合其能力发挥的工作岗位。

11. 公平地对待员工

为了鼓励所属人员能够全身心地努力和忠诚地工作，就需要善意地对待他们。

公平是由善意和公正的结合产生的，等级链上的所有人都应当受到公平的对待。

12. 保持员工任职的相对稳定性

员工适应新工作并能够很好地工作是需要时间的。一个人只有在相对稳定的工作岗位上工作一段时间，才能熟悉工作性质和环境，才能较好地发挥自己的能力。成功的组织中人员较稳定，不成功的组织中人员是不稳定的。稳定有利于管理，但稳定也是相对的，组织也需要人员的流动。

13. 首创精神

首创精神是大胆提出计划并付诸实施和保证成功的精神，是组织有力量和组织强大的重要源泉。权威和纪律对于发挥首创精神在一定程度上有限制性，但领导要有分寸地、大胆地发挥员工的首创精神。

14. 团结协作精神

组织不仅要有首创精神，也需要有团结协作的精神。团结协作可以凝聚力量，共同完成任务。

三、自上而下的组织模型

法约尔从管理的角度出发，提出了一些管理原则，通过这些原则来管理组织，因此他重视对管理层的设计，这和泰勒是不同的。在古力克看来，这种自上而下的组织模式是从管理出发的，是把管理和决策作为重点，把组织看成由主要管理者来控制组织的整个分工单元系统。这种组织模型重视管理层，关心的是整个组织的管理和控制，它可以提高组织的整体效率，但往往忽略了下层个体的工作效率。

厄威克（Urwick）指出："法约尔和泰勒的工作在本质上是互补的。他们都认识到所有层次上的员工和管理者之间的关系问题是工业成功的关键。两人都把科学方式应用到这个问题中。但泰勒基本上是致力于操作层，注重从工业等级的底端向上发展，注重个体的工作业绩；法约尔则集中在管理层，注重自上而下的管理，注重组织整体的效率。"❶

---

❶ [英] Bernard Burnes：《变革时代的管理》，任润、方礼兵译，云南大学出版社2001年版，第50页。

第三节 科学管理和自下而上的组织模型

福瑞德里克·泰勒主要研究的是如何提高工厂中的劳动生产率的问题。当时，在美国95%的工人认为，消极怠工比积极工作更符合工人的利益。泰勒认为提高劳动生产率的结果是使工人受益。泰勒重视工程、机械和工作经验，他的重点放在如何提高工人的效率上。1911年泰勒出版了《科学管理的原理》一书，提出了科学管理的基本观点，这些观点也得到当时社会的认可。泰勒指出，专家通过科学管理的原则，可以系统地进行计划和对组织的运作进行控制。1915年，泰勒在一次报告中明确地阐述了科学管理原理。他指出要改变用经验管理的方法，主张采用科学管理的方法，同时也指出了科学管理的作用。

一、科学管理的方法

斯密和巴贝奇的分工理论对泰勒产生了重要的影响，亨利·汤的管理思想和方法对泰勒产生了更为直接的影响。泰勒是科学管理原理的创始人，但泰勒制或泰勒主义及其后继者的科学管理，是由泰勒及其同事为增加机器车间生产的效率和速度而设计的一系列方法和组织安排。这些方法假设存在一种完成任务的最好方法，科学管理就是通过发现最快的、最有效的、产生最小疲劳的生产方法来增加产量。泰勒等人还认为，人类倾向于用最少的努力获得最多的收益，这也就是"磨洋工"。为了避免这一点，管理者必须要做到：（1）详细规定每位工人应做的工作和每一步应该做什么。（2）保证通过密切的监督，工人都应遵从领导。（3）把工资和效绩联系起来，产生正面的激励作用。泰勒的科学管理思想在当时产生了很大影响。科学管理的方法主要包括以下几点。

1. 用科学的方法取代经验的方法

泰勒等人认为，过去的方法是以经验为基础的，要用科学的方法进行管理。

2. 制定合理的定额

泰勒等人为了让工人的潜力得到最大限度的发挥，他们制定了一些方法，并用这种方法对工人进行训练，在此基础上制定合理的定额。

3. 标准化方法

泰勒等人认为，只有让工人按照标准化的方式进行操作才能完成定额，才能提高效率。因此，他们把生产过程中的机械设备、使用的工具和各种材料以及生产过程的各个环节和环境因素等都制定了标准，一切都按照标准来运作。

4. 计件工资

泰勒等人从理性人、经济人的基本假设出发，认为工人工作是为了获得最大的报酬。因此需要对工人进行物质刺激，采用计件工资制度。

5. 劳资双方的和谐合作

泰勒认为，要提高劳动生产率，就要使劳资双方和谐合作，雇主关心的是低成本和高效率，雇员关心的是收入的增加。要使双方都认识到只有通过科学管理，提高效率，才能实现双方各自的目的。

6. 以最小的投入实现最大的产出

泰勒等人认为通过对各种生产要素的科学组合，对劳动过程的科学控制，可以用最小的投入获得最大的产出。

二、科学管理的新职责和作用

科学管理使管理的职责和作用发生了根本性的变化，管理不再是经验，而是具有普遍性的科学。泰勒指出，科学管理的新职责和作用主要有以下几点。❶

1. 科学地制定个体工人能够有效工作的程序和标准

在泰勒看来，过去是靠经验来规定工人的工作。进行科学管理，首先要对工人的工作进行科学研究。管理者的责任是要建立关于每个人能够有效工作的科学，要做到这一点，管理者大致需要5个步骤。（1）了解工人的想法。（2）观察工人及其在工作过程中的行为特点。（3）研究这些特点，研究劳动时间。（4）对个体任务进行分解。（5）用记录、列表等科学方法进行归纳，最终形成工人能够有效工作的一些原则和方法，甚至是公式。用这些原则和方法指导工人的日常劳动，才能收到好的效果。

2. 科学地设计最佳的组织运作程序

在泰勒看来，存在以个体的、投入最少而产出最大的生产运行程序和结构，科学管理应当发现这样的结构。因此，管理者不仅要对个体工作性质进行分析，同时也要对整体工作运行程序和结构进行设计。在泰勒等人看来，个体的工

---

❶ Frederick W. Taylor，*The Priciples of scientific management* .Routledge Thoemmes Press, 1993.

作的优化配置会导致整体工作运作程序和结构的变化，个体的最佳投入会导致整体生产效益的提高。

3. 科学地选择工人

泰勒指出，管理部门要不断地挑选工人，进行系统的训练，帮助和指导工人，使所有的工人都能够掌握科学的工作方法，并具有积极主动的精神。管理者要对每名工人的品质、性格、能力、特长和工作成绩等进行科学研究，在此基础上选择、训练和发现其发展的潜力。要使工人能够更好地工作，得到更多的晋升机会和较高的工资。

4. 科学地促进劳动过程和选择工人的结合

泰勒指出，过去是让工人自己选择自己要做的工作，是工人自己的训练。科学管理应该把工人可以按照自己的意愿建立劳动过程与管理者可以按照自己的意愿选择和训练工人这两个方面科学地结合起来。要使两者能够科学地结合就要做到：一方面，尽量使工人能够找到自己所期望的合适和满意的工作和岗位，从而使个人和科学的劳动过程相结合，使其能够在自己喜欢和适合的岗位上安心本职工作；另一方面，当工人不愿意做自己所从事的工作时，既可以强迫工人去干，也可以为其寻找更喜欢和更适合的岗位和工作。如果不行，可以让他离开岗位，只有把这两方面很好地结合起来，才会提高效率。

5. 科学地划分工人和管理者的职责，实现工人和管理者的真诚合作

在泰勒看来，旧体制下，工人和管理者的职责范围并不明确，几乎所有的工作都由工人来做，工人抱怨管理人员失职，管理人员也责备工人不尽责。科学管理则对工作进行了科学划分，把工作划分为两大部分，一部分由管理者来做，另一部分由工人来做。科学管理不仅科学地划分了工作，同时也明确地划分工人和管理者各自的职责范围，消除相互之间的抱怨，从而实现双方的真诚合作。管理者与员工努力合作，能够按照科学管理的原则来实行，这样就可以提高劳动生产率。

6. 科学地对管理层进行管理

泰勒认为，基于对个体工作管理的科学管理不仅导致了要对劳动过程和结构进行科学的管理，同时也要求对管理层进行科学管理。对管理层进行科学管理，

核心是建立合理的规章制度。大小问题都需要按照规章制度来办事，企业领导者和工人都要遵守规章制度。

科学管理方法的实现需要观念的革命。泰勒提出了科学管理的基本原理，但他也指出仅此是不够的。他指出，科学管理并不只是如何提高效率、进行成本核算，也不仅是支付工人的工资和奖金分配、福利制度。如果拿这些科学管理的制度和规章去要求工人，则不会有预期的效果。科学管理的本质是管理者和工人实现观念的变革。使管理者和雇员真正认识到各自的职责，认识到实施科学管理对各自都是有益的，使管理者和雇员特别是管理者能够自觉地履行自己的职责，自愿地按照这些原则去做，从而提高劳动生产率。否则，再好的管理原则也是一纸空文，无法落实。正是在这个意义上，泰勒指出科学管理的实质是观念的变革。一般情况下，工人想得到较高的报酬，雇主也希望得到最大的利润，但利润是有限的。在科学管理的条件下，工人和雇主的心理都发生了变化，都从重视利润的分配转向增加利润。双方都认识到应该建立和谐的合作关系，通过科学的管理共同创造物美价廉的产品来增加利润，而不是为了利润的分配争来争去。工人和雇主尽管在利益上是有差异的，但在本质上利益是一致的，这是观念上的革命。采用科学管理后，工人的工资会上涨，劳资关系会改善，劳动生产率会显著提高。

三、自下而上的组织模型

泰勒从科学管理的角度出发，指出要提高组织效率就必须要科学地设计组织结构。他从工人个体出发，对个体的工作任务进行科学设计和详细地分解，指出存在一种使个体科学地完成工作的最佳组织结构，这种结构应该包括管理者及其下属活动的框架、组织的部门和功能。泰勒把组织看成是由单个分工单元组成的统一体，各个单元都由上一层的管理者来管理，这是自下而上的模型。这种组织模型重视的是个体的工作效率，但也考虑到不因个人效率而妨碍组织的整体协调。

第四节　分工和协调与上下结合的组织模型

法约尔提出了自上而下的组织模型，泰勒提出了由下到上的组织模型。卢西·古力克则于1937年分析了组织的分工和协调机制，在此基础上，指出了自上而下和由下到上两种组织模型各自的适应范围及在实践中二者如何进行结合的问题，同时也提出了组织实施过程中的几个步骤。❶

一、分工的作用和局限性

1. 分工的作用

古力克认为分工是客观的，是组织产生的基础。由于人的性质、能力、技能、时间和空间的不同，人不可能同一时间在两个位置上工作，这就需要专业化。正是由于分工，才产生了组织，才提高了组织效率。

2. 分工的局限性

古力克指出分工也有一定的局限性，这种局限性限制了分工优势的发挥。分工的局限性与3个因素有关：（1）与工作时间有关的工作量。（2）给定的时间和空间的技术和习惯。（3）人的肢体的局限性。

二、协调的方式和步骤

古力克指出，分工是有局限的，因而需要进行协调。协调的方式和步骤如下。

1. 协调的方式

（1）组织协调。组织协调是由有一定权威的人对工作进行分工。这种协调是从上到下的，是通过上级给下级的命令来实现的。

（2）观念协调。观念协调就是让不同群体的人，具有同一观念，具有统一的意志和思想，由此对组织进行协调。

2. 协调的步骤

古力克认为，协调是管理者的主要管理功能。组织协调的实质是在处于组织中心的决策者和处于组织外围的分工单位之间建立一种联系和控制系统，从而使

---

❶　Luther Gulick, *Papers on the Science of Administration*, First Pulished By Institute of Public Administrtion, (New York)1937, This Edition Published By Routlegy, 2003, pp.1-49.

组织能够有效地完成任务。它包括以下4个步骤。

（1）明确的工作目标。

（2）确立指挥者，以保证目标的实现。

（3）明确专业化或分工单位的性质和种类。

（4）建立和优化权力的结构。

三、分工和协调的结合

古力克指出，分工和协调应该结合，二者结合起来就形成了3个基本原则：控制的有限性、统一命令和同质性原则。

1.控制的有限性原则

古力克认为正如分工有局限性一样，人的能力等方面的局限性也导致了控制范围的有限性。影响控制范围的主要因素有3个。

（1）组织的差异。组织有不同的类型，不同的组织类型，其控制范围也有所不同。

（2）组织的稳定性和变化性。这是组织的时间因素。稳定的组织比变动的组织对下属的支配力更强。

（3）组织中管理机构的分布。这是组织的空间因素。组织的管理机构集中在同一地点比分散在不同地点能够更好地管理员工。

2.统一指挥原则

古力克认为，统一指挥原则是行政管理的基本原则之一，在组织协调的过程中也需要这一原则。统一指挥也就是统一命令。统一命令不是从发出命令的角度而是从接受命令的角度来说的。如果一个人接受多个上级的命令和管理就会变得无所适从、效率低下和不负责任，而一个人如果只是接受单一上级的命令和管理就可能更适应工作，效率也较高。

3.同质性原则

古力克认为，同质性原则也就是一致性的原则，是指在一起工作的成员的效率与其所从事的工作、在工作中所运用的程序以及工作所要达到的目的之间存在一致性的关系。这种原则可以提高组织效率。特别是在从上到下的过程中，统一地、协调一致地进行工作可以更好地提高组织的效率。如果它们之间缺乏一致性，就会导致效率低下。但同质性原则在协调过程中也存在一些问题，如由于专业人员往往会固守专业，这就给组织协调带来一定困难。

四、上下结合的组织模型

1. 从上到下的组织模型

古力克指出，有人把组织看成是自上而下的。这种观点认为组织是在主要管理者控制下的整个分工单元系统，把兴趣放在了管理和决策上。在管理过程中，就会重视在上层建立一个好的组织结构，但会导致个人效率低下。

2. 从下到上的组织模型

古力克指出，有人把组织看成是从下到上的。这种观点认为组织是由单个分工单元组成的统一体，各个单元都由上一层的管理者来管理，把重点放在了个体的行动和贡献上。在管理过程中，重视提高个体的工作效率，往往容易妨碍组织整体的协调。

3. 上下结合的组织模型

古力克指出应该把分工和协调、自上而下和由下到上结合起来。对正在运作的组织进行重组时，要根据具体情况，运用控制局限性、命令一致性和同质性这3个基本原则，使分工和协调、自上而下和由下到上很好地结合起来。

（1）在自上而下和由下到上进行组织和改组组织时，要找到两者中心的结合点，把控制的局限性原则和同质性原则很好地结合起来。在决策者进行初次分工时要运用控制局限性原则；在对分工后的小组进行初次组合时，要使用同质性原则，这样就可以很好地进行协调。

（2）如果自上而下的分工和由下到上的组合不能很好地衔接，就需要做进一步的分工和组合。每次分工和组合，控制范围的局限性和同质性这两个原则都会进一步融合，直到两者达到最佳的结合点。

五、决策者进行管理的主要职责

古力克主张把自上而下和从下到上结合起来，并由此对管理的职能提出了新的看法。他还把其他有关管理职能的观点进行了综合，如法约尔《工业的一般行政管理》一书中对管理职能进行了说明，古力克则对管理职能进行了系统概括。他认为，管理职能有7项，"POSDCORB"是7个英文词的缩写，每个词的首字母都代表着1项职责。这7项职能都是决策者的职责，但在大型组织中，也可以把其中的一两项分给其他人来做。这7项职责如下：

1. 计划（plan）

计划是指组织制定的要实现的目标和如何实现这种目标的途径和方法的大致蓝图。

2. 组织（organization）

组织是为保证实现所确定的组织目标而建立的正式的权威机构和相应的组织结构，由它来规定职责和协调不同单位和组织的分工。

3. 人事（staff）

人事包括组织人员的招聘、训练、培养等，并使员工能够保持最佳的工作状态。

4. 指导（direction）

指导是指制定决策，按照相关程序和指示对下属进行领导和监督。

5. 协调（cooperation）

协调是指对不同工作的各个部分进行协调，使之和谐运作。

6. 报告（report）

报告是指下级对上级的报告、上级对下级的调查和巡视，它使上下级之间总能够保持信息通畅。

7. 预算（budget）

通过财务计划、会计和控制资金的形式进行预算，从而确保组织中的一切能够顺利进行。

第五节　科层制组织模型的特征

斯密、泰勒等人主要研究经济组织，而马克斯·韦伯则将重点放在对行政组织的研究上。伯纳德认为，泰勒关注的重点在操作层面、重视个体的任务，法约尔重视一般原则、整体组织的管理、团体精神和个体的主动性。韦伯则"把组织放在一个更广阔的历史和社会背景中，把组织要完成的详细任务和管理组织的一般原则结合起来"。❶泰勒的目标是提高操作工人完成管理层下达的任务的生产率和效率。法约尔向管理者提供管理整个企业的规章和制度，认为这是达到目标的手段，但不是主要目的。韦伯把泰勒与法约尔的思想结合起来，构成了以一致的、标准化的和持续的形式管理一个企业的完整制度。韦伯强调的规则和程序的遵守与泰勒提倡的生产技术的标准化是对应的，与法约尔的管理原则也是一致的。斯密重视分工，而韦伯则重视集中，法约尔、泰勒和韦伯都比较重视组织的整体结构和高层对组织的设计。在韦伯看来，科层制是理想的行政组织，它具有清晰性、精确性、纪律性、稳定性和可靠性，在提高效率方面比其他组织更有优势。韦伯指出科层制这种行政组织的主要特征有以下几点。

一、对任务进行固定的划分

韦伯指出，组织要实现既定的目标，就要把这些活动进行划分。任务的分配是按照在各种位置上官员的职责进行的，各级官员和各种职位都有法律和行政规则规定的权限和职责。

二、专业化

在韦伯看来，组织中存在隐含的、清楚的分工和高层次的专业化。专业化更多地是指工作而不是从事工作的人，这样可以保持工作的连续性，因为如果有人从现在的岗位离开，工作还可以继续运作。

三、权威的层次、阶层的指挥体系和监督体系

韦伯指出，组织是按照等级原则组成的，在管理范围内存在清楚的、确定的等级制和权威的等级权力机构。这种详细而精确的分层在军队和军队之外的行政机构特别明显。管理与被管理之间或管理者与工作人员之间存在严格的上下等级，上级对下级进行监督和管理。不同职位的官员有不同的权利和义务，并由此形成从上到下的阶层的指挥体系和监督体系。高级职员对下级职员进行权威控制，但这种控制也是有范围的，下级职员也有相应的权利和义务。

四、详细的规章制度体系

韦伯主张，组织应该建立详细的规章制度体系。这种规章制度体系不是随意的，它以书面文件为基础，是稳定的、详尽的、可以遵守的。韦伯要求把这种规

---

❶ [英] Bernard Burnes：《变革时代的管理》，任润、方礼兵译，云南大学出版社2001年版，第58页。

章制度体系与任务结合起来，按照标准化、程序化的方式来保证任务的完成，也可以通过建立原则和规则的系统来达到决策和行动的一致性，与权威的结构一起使组织中的各种活动达到协调。规则体系一般是稳定的，尽管有些规则会随着时间发生变化或被修改，但在科层制中拥有一个工作岗位的人必须知道这些规则。

五、非个人化

科层制的规则和制度体系是一种理性结构，任何人都应该遵守它。科层制组织是按照理性的逻辑运转的，管理过程是一种自动化、程序化的过程，不以个人意志为转移。在处理当事人和其他公务时，期望有非个人化的定向，这种设计会使官员在他们所履职的行为中表现出理性的判断。斯特瓦尔特（Stewart）指出，非个人化意味着特权的分配和权威的行使不应是武断的，而应当与所建立的规则体系一致的。在高度发达的科层制中，存在确定的程序是为了防止主观决策，非个人化是科层制区别于其他组织类型的重要特征。❶

六、合法性结构

科层制也是一种合法性的结构，建立在权力合法性的基础之上，权力的合法性就是权威，科层制是按照合法性权威运行的，它提供了一个合法性的形式，与以前人为制定的权力规则、程序和形式的管理方式不同，它消除了人为的可能性，用法律取代它。权威的行使与所建立的规则体系是一致的，不是随意的。

七、建立在技术能力基础上的选拔制度

在组织中，职员的选拔和指派以技术能力为基础，对职员的选拔要通过专门的训练和严格的考试。职员的职位是建立在技术能力的基础上，由上级任命而不是由选举产生的。

八、稳定的雇员制度和职业体系

韦伯指出，科层制是一种稳定的雇员制度，雇员在获得一定职位的任期之后，一般是不会被解聘的。科层制建立了一种职业体系。官员的社会地位由其官阶等级的条例规定和保证；官员有固定薪金和升迁制度，官员的位置和工资是由低到高的自然的提升；官员的职业是终身的；官员有严格的纪律和职业道德。

---

❶ Laurie J Mullins，*Management Organizational Behaviour,* Second Edition, Pitman Publishing, 1989, pp.35-36.

第二章　人与组织

传统的组织和管理原则的形成是与当时所提出和所要解决的问题联系在一起的，也受当时的认识水平和能力的限制。这些组织和管理的原则在当时起了重要的作用。但随着时代的发展和管理中出现的新问题，原有的组织和管理原则显然也是需要发展的。人们开始开始反思这些组织和管理中存在的问题。例如，这些理论和原则比较重视效率而忽略了人，把组织和人看成机器；比较重视正式结构，忽略非正式结构；比较重视理性，忽略非理性的方面；比较重视人的经济性，忽略了人的社会性等。早在19世纪20年代，一些管理学家和社会学家就对传统的管理原则进行了反思。后来的一些管理学家、社会学家、社会心理学家又对人的动机、个体与组织、科层制与个性等关系进行了研究，特别是研究了生产过程中的人的问题，凸显了人的重要作用。这样就正确地认识了人和组织的关系，克服了把人淹没在组织中的局限，把人和组织的关系看成是相互依赖的关系，并强调人在组织中的重要性，甚至认为人比组织更重要。这是人和组织关系认识的新发展。从这种观点来看，人与组织并不是对抗的，而是和谐的，是相互促进、共同发展的。管理者也应该正确处理组织和个人的关系，让组织为个人的发展提供充分的空间，成为个人发展的舞台，最大限度地释放个人和组织的潜力和创造性。对人与组织关系的认识，是对组织本质的新认识，也是对组织认识的深化。

第一节　概述

一、历史背景

（一）组织研究的转向

古典的组织理论把组织看成是封闭的、机械的、理性的实体，而忽略了组织中的人、非理性、社会性、开放性，这不仅在理论上是片面的，在管理实践中也遇到了挑战。以西蒙等人为代表的管理学家对传统的管理原则进行了反思和批判，一些社会学家也从社会学、行为科学的角度对组织进行研究，指出组织的有机性、开放性和非理性的问题，使组织研究发生了转向，校正了组织研究中的机械性和理性的倾向，这就为组织行为的研究奠定了基础。对组织行为的研究正是建立在对组织中的有机性、非理性等基础之上的，它凸显了人的作用，克服了"只见组织不见人"的倾向。

（二）对人的关注成为时代的主题

对组织中人的问题、行为问题的研究也与时代的特征有关。20世纪30年代在美国和欧洲出现的经济危机使人们产生了强烈的集体主义感和社区感，人们需要有效的沟通和合作。进入20世纪中叶，组织形式和劳资关系发生了重大的变化，这就需重新认识组织中的工人、工人与工人之间、工人与雇主之间的关系，要求在管理活动中重视人力资源的管理问题。

（三）企业管理模式的转变

在传统的企业管理中，把工人看成是机器的零件，这不利于工人积极性的发挥，也影响了劳动生产率的提高。泰勒的科学管理采取定额奖励的方法，在当时对于刺激工人的劳动积极性起了一定的作用，因而也提高了劳动生产率。但是，随着工人的觉醒，仅靠物质刺激的方式就很难起作用了。因此，在企业管理中就把社会学、心理学和行为科学引进来，由此来调节生产过程和劳资关系，在一定程度上提高了劳动生产率。把行为科学引入企业，就是通过对工人在生产过程中行为及其产生的原因的分析，找到调整企业中人际关系的正确方法，从而提高劳动生产率。它主要研究人的本性、行为的动机、生产过程中的人际关系等。行为科学假设工人是社会的人，是复杂社会系统中的成员。他们不仅仅是为了追求金钱收入，还追求社会和心理的需要，如追求人与人之间的友谊、安全感、归属感、受人尊重等。因此，需要从社会方面、心理方面来鼓励工人提高劳动生产率。

（四）工作设计中人的因素越来越重要

传统的观点把工作仅仅看成是满足人的生存需要的手段。工作本身是多样的、丰富的，工作不仅是一种工艺，更重要的是它包含着人的因素。工作不仅是谋求生存的手段，还可以满足人的需求，它本身就是有意义和价值的，是有利于人的成长的，是自我实现的重要途径。随着工作设计中人的作用的凸显以及对这种作用的认识，这也凸显了应加强对组织行为进行研究的重要性。

（五）一些新学科的发展为组织行为的研究提供了条件

社会学、心理学、行为科学、社会心理学等学科的发展和在管理学中的应用，为组织行为的研究提供了条件。

二、研究的主要内容

1. 对传统组织和管理原则的反思和研究管理的新途径

西蒙等人在对传统的组织和管理原理进行反思和批判的基础上，提出了研究管理的新途径。

2. 人与科层制的关系

科层制不仅是一种设施，而是与人密切相关的，因而应该重视科层制的人文因素。一些社会学家认为应该从社会学角度来研究科层制，重视个体对科层组织的反应，研究科层制实现目标过程中存在的功能失调的机制和原因。

3. 组织对环境的调节

面对环境的压力，组织如何对环境进行调节，从而改善组织的状况。

4. 动机

要研究人的动机以及不同人的不同动机。沙因从动机的角度把人分成理性经济人、社会人、自我实现的人、复杂的人4种。理性经济人是以金钱为动机的，社会人是以社会需要为动机的，自我实现的人追求自我实现，复杂的人则受多种因素的影响，是复杂和可变的。

5. 人际关系

人与人之间不仅是正式的结构关系，要通过物质利益来满足彼此的物质需要，也要通过非正式的组织、通过沟通来满足彼此的情感需要。人际关系是组织心理层面的重要内容。

6. 个体与个体、个体与组织的关系

个体与个体的关系是多方面的，个体与组织的关系是相互依赖的。

7. 领导与下属的关系

领导与下属不是控制的关系，而是参与的关系。

三、基本假设

（1）组织不仅是由一些通过管理来控制的位置组成的，而且也是由个人组成的，而这些人的目标和期望不可能和正式目标相一致。

（2）组织不仅是理性的，也存在非理性的方面，对非理性的研究也是重要的。

（3）个体之间、个人与组织之间、组织与环境之间都会相互产生作用。

（4）人不是单纯追求经济利益的理性动物，而是具有多种需要的社会的人，特别是人的社会和情感需要是非常重要的。

（5）组织和人是相互需要、相互依存的。个体离不开组织，组织是由个体组成的。组织是为满足人的需要而存在的，组织可以通过多方面来满足人的需要。组织需要人的精神、力量的支持，人也需要组织为其提供职业和工作机会。个体和组织是互动的。

（6）组织不仅是经济实体，也是社会有机体。组织作为经济实体和环境结构的整体之间存在密切的关系，组织对环境具有调节功能。

（7）组织不仅是技术—经济系统，也是社会系统。管理者不仅要有技术方面的能力，也要有社会方面的能力。

（8）在组织中存在各层次进行信息沟通的通道，参与是组织的重要特征。

（9）组织组织成员和组织活动的过程受多个变量的影响和控制。这个过程既有机械性，也有社会性。既有组织所预期的结果，也有非预期的结果，而这些结果又强化了这种控制模型的倾向性。

（10）科层制不是机械的设施，而是与人密切相关的。个体对组织的反应不是机械的，而是动的。科层制在实现其目标的过程中会出现功能失调。

四、研究的主要方法和变量

（一）研究的主要方法

研究的主要方法有社会学、行为科学、心理学、社会心理学等学科的方法。由于把组织看成是一种稳定的系统，使用结构—功能的方法就非常重要。

（二）研究的主要变量

研究的主要变量是小组、环境、心理和行为等变量。例如，霍桑实验研究的主要变量是光照、环境、工作时间等影响生产的变量。

五、组织的观念和概念

（1）组织是适应环境的有机体。

（2）组织是经济实体，也是合作系统。

（3）组织是行动系统。

（4）组织是协作体系。组织不是机械体系，而是有意识、有目的的人之间的一种协作。

（5）组织是沟通体系。组织是通过正式的程序、非正式的规则、行为、沟通方式、规范以及友谊来满足个体的情感需要的体系。

（6）组织是由参与者全部行为构建起来的体系。组织是由参与者的全部行为构建的，这些行为包括参与者的活动和态度等各个方面。

第二节　对传统管理原则的反思

一、西蒙对传统管理原则的批判和研究管理的新途径

（一）西蒙对传统管理原则的批判

赫尔伯特·西蒙（Herbert A .Simon）把传统的管理原理概括为4条："（1）把每个小组的任务专门化可以提高管理效率。（2）按照确定的权威等级安排成员可以提高管理的有效性。（3）在任何一个等级上将控制的范围限制于少量的成员可以提高管理的有效性。（4）为了便于控制，将工人按照目的、过程、服务对象和位置组织可以提高管理的有效性。"❶他指出，由于这些原理看上去是

---

❶　Herbert A. Simon，*Public Administration Review*, Vol.6, No.1(Winter, 1946), p.53.

相对简单而明确的，因而在具体管理中似乎是有效的，但事实并非如此。西蒙对这4条原理逐一进行了分析和批判。

1. 并不是任何专门化的提高都会提高有效性

专门化会提高有效性，这是古典管理的一条基本原则。西蒙举了给社区安排护士的例子来证明这一原理在应用中是无效的。第一个例子是让安排在同一社区的护士干3种不同工作，这种安排符合地区的专门化。第二个例子是让不同的护士在不同社区干相同的工作，这种安排符合职业的专门化。西蒙指出，这两种管理方式都满足了专门化的要求。第一个例子是位置的专门化，第二个是功能的专门化。专门化原理对于在这两种安排之间做出选择是没有帮助的。专门化原理的简单性是一种有缺陷的简单性，专门化不是有效管理的条件，它是所有组织运作的特征，而不管这种运作是否有效。并不是专门化有效，而是有效的专门化导致有效，因而这一原理本质上是模糊的。

2. 命令一致性的原则并不普遍

西蒙指出，古典管理中按照确定的权威等级来安排成员是为了保证命令的一致性，权威则意味着下属服从上级的命令，这可能会出现矛盾。因为一个人不可能遵从两个相互矛盾的命令。这条原理隐含的意思是，不能把成员放在这样的位置上，使他同时接受两个不同的上司的命令。然而，在联合的过程中，通常一个人就会有两个以上的老板，这就会违反这一原理。

3. 没有指出控制的合适范围

西蒙指出，控制是古典管理原理中的一条重要的原则。按照这条原理，限制直接向管理者汇报的下属的数量可以提高效率。西蒙用具体的实例说明，无论是增加控制范围还是减少控制范围都会带来不好的结果。这条原理只强调控制及其作用，但控制是一个很大的问题，它包括如何控制、控制的幅度等问题。控制的原理并没有指出最合适的控制范围是什么，因此，在实践中是很难操作的。

4. 按照目的、过程、服务对象和位置进行组织本身就是矛盾的

古典组织和管理强调按照目的、过程、服务对象和位置进行组织，这条原理本身是存在内在矛盾的。因为目的、过程、服务对象和位置都是独立的，它们共同构成组织存在的基础。如果按照任何给定的标准进行划分，只是强调其中的1个

因素，突出其中的某个优势，就会牺牲其他3个因素，组织就会失去存在的基础。

（二）研究管理理论的新途径和方法

在对上述4个原则批判的基础上，西蒙指出了管理理论的困境。实际上，在任何情况下，不是一个原理在起作用，而是两个甚至是更多相互矛盾的原理同时适用于管理情境。西蒙认为，古典管理原则是不一致的、冲突的，在管理者所面临的具体情境中是不能应用的，对许多管理人员来说是不实用的，可以说它们是"管理寓言"。因此，他提出了研究管理的新途径和新方法，这些新途径和新方法如下。

1. 对概念进行科学界定，科学地描述组织

西蒙认为，要提出比较科学的管理原理，就必须要对组织有科学的认识，对概念进行比较准确、科学的定义。概念的含义必须和经验的观察事实或情境相符，有科学性和可操作性，概念应当能够描述管理理论所适应的情境。对组织的认识也应当是科学的，西蒙认为，科学描述组织的方法，就是"指明组织中的每一个人，该人做出何种决策以及做出这些决策所受的影响"。❶

2. 要实现有效性，就要研究选择和有限理性

西蒙认为："管理理论是关于一个组织如何建构和运作才能有效地完成工作的理论。一个基本原理是在付出同样代价的几种选择中，人们应当选择其中能够导致管理目标最佳实现的选择；在实现同样目标的几个选择中，人们应当选择其中成本最低的选择。"❷有效性的原理是管理理论中的重要内容，但这条原理也是有局限性的。有效性的原理只是说明什么是好的或正确的管理行为，但并没有说明如何实现的问题。实现有效性的过程是复杂的，受多种因素的影响。主要受人的有限理性的限制。人的理性是有限的，管理理论应该揭示限制有效性的主要因素，如行为能力和决策的局限性。只有研究有限理性，才能说明管理的有效性问题。

3. 对标准进行权重和进行科学研究

西蒙认为，先应该沿着上述思路提出一套术语来描述管理组织，在此基础上

❶ G. March, Herbert A. Simon, *Organizations*, New York, Wiley, 1958, p.62.

❷ Ibid, p.64.

研究理性的有限性，目的是建立一套完整的标准，用来评价管理组织。研究管理的有效方式是确定全部相关的诊断标准。当有几个标准相互矛盾时，就要考虑标准的权重。西蒙还指出，要科学地研究组织，就需要用具体术语描述组织目标；对实验进行控制，取得真正的效果。

二、对传统科层制的反思和研究科层制的途径

（一）对传统科层制的反思

1.简单、机械科层制模型的特点和局限性

科层制有简单和复杂之分。简单的、机械的、理想的科层制模型假定存在一套固定的控制程序，只要确定了目标，由此出发通过类似机器的固定程序进行控制，就可以达到预定的结果（如图2-1所示），这种模型具有明显的机械色彩。

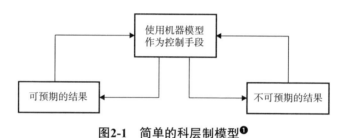

图2-1　简单的科层制模型❶

2.韦伯科层制的缺陷

劳雷尔·马林斯（Laurie J. Mullins）认为韦伯强调了以专家为基础的管理和以纪律为基础的管理的重要性，指出了科层制的主要特征，但韦伯的科层制中缺少对人的关注。马林斯指出了科层制的5个主要缺陷：（1）由于科层制过分强调规则和程序，记录和公文的运转本身比它作为实现目的的手段更为重要。（2）官员可能会变得依赖科层制的位置、符号和规则。（3）科层制可能会压抑主动性和创造性，当现有一整套规则和程序并不能全部适合某种实际的情况时，科层制缺乏对变化环境的灵活性和适应性。（4）组织中的位置和责任可导致官方的官僚行为，也可能出现把来自外部的管理程序隐蔽起来的倾向。（5）个人关系会落入陈规，而不能对个别的、偶然的事件和问题做出随机反应。❷

❶ James G.March，Herbert A.Simon, *Organizations*，1958，New York ,Wiley, 1958, p.37.

❷ Laurie J. Mullins, *Management and Organizational Behaviour*, Second Edition, Pitman Publishing, 1989. p.35.

马奇和西蒙认为韦伯科层制理论是一种比较复杂的模型，超越了简单、机械的科层制模型，但这种科层制也存在局限性。最主要的缺陷在于韦伯只是看到了科层制的技术层面，而对科层制的社会性和人文性重视不够。他们认为科层制不仅是技术设施，也具有人文性和社会性。因此，他们提出应该从社会性和人文性的角度来研究科层制，凸显人的重要地位和作用。

（二）研究科层制的途径和方法

菲利普·塞尔兹尼克（Philip Selznick）、罗伯特·默顿（Robert Merton）和古尔德纳（Gouldner）三位社会学家肯定科层制是有效率的组织形式，但都反对科层制的机械性。他们认为，在传统的科层制模型中，个人被当作机器中的零件，应该从社会学和组织行为的角度来研究科层制，具体说来要做到以下几点。

（1）把机械性和人文性统一起来。科层制有机械性，但也有人文性。因此，既要看到科层制机械控制的一面，也要看到这种控制是建立在社会的人基础之上，是机械性和人文性的有机统一。因此，科层制在控制过程中，既有可控制性，也有不可控制性。

（2）研究影响科层制的多个变量和科层制模型的多样性。他们指出，影响科层制的变量不是一个而是多个，不同变量对科层制有不同的影响，也会有不同的模型，因而应该研究建立在多变量影响上的模型。在多变量的科层制模型中，组织的几个独立变量往往会影响和控制组织成员和组织活动。

（3）研究科层制的实现过程。科层制与科层制的实现不是完全等同的。科层制本身是一种理想模型，但科层制的实现过程是人的活动参与的，这就要考虑人的行为活动的特点、个体对组织的反应方式等问题。科层制在实现目标的过程中会出现可预期和不可预期的两种结果，科层制在实现目标的过程中某些功能会失调。

（三）科层制的发展趋势

这一时期对科层制的研究为后来的研究奠定了基础。科层制未来发展的方向成为人们关注的焦点，如社会和信息技术的发展会对科层制产生怎样的影响？对此有不同的观点。（1）科层制会消失。如本尼斯（Benis）曾经预测科层制组织由于不能适应变化的环境，将会在20世纪末消失。（2）科层制被取代。如托夫勒（Toffler）也有类似的主张。也有人预见会以扁平的、信息为基础的、以任务和使命为主的组织来取代传统的科层制。沙因（Schein）指出，信息技术的发展将会取消对监管的需要，因而可能会用非等级制的模型取代科层制模型。（3）出现新的科层制。也有人认为，信息技术的发展并不会取消科层制，而是会出现一种新的科层的组织形式。

第三节　科层制的三种模型

一、基于权威的代表性的科层制模型

塞尔兹尼克提出了基于权威的代表性进行控制的科层制模型（如图2-2所示）。他强调从权威的代表性出发进行控制，但这一系列控制技术所产生的后果是不可预见的。代表性对组织目标的实现具有功能性和功能障碍两种结果。这个模型说明，无论组织目标的成就是增加还是减少都会引起代表的增加。

（一）权威的代表性的增加与内部利益分叉同时出现

塞尔兹尼克的科层制模型是从最高等级对控制的需求开始的，其结果会使增加了的权威代表性制度化。权威的代表性可以通过增加对专门能力的训练来减少组织目标和成就之间的差异，这一过程又刺激了代表性的增加。代表性的增加过程也是组织内部部门化、小单元、个体的利益分叉增加的过程。专门能力的训练增加了组织内部单元利益的分叉，使小单位的目标超过了组织的整体目标。专门能力的训练使个体的能力也有所增加，这也导致了亚目标之间的差异的增大。

组织内部的分叉也导致了组织内部的冲突，组织内部的决策需要考虑组织内部的因素，在缺少参与者目标内化时更是这样。这就增加了目标和成就之间的差异，进而导致了代表性的增加。

（二）亚组织目标的内化与组织目标操作性的相互作用影响日常决策效果

塞尔兹尼克认为，每个亚组织都试图让自己的决策成为整个组织的官方决策，使自己的需要合法化，这就使组织亚单元内部参与者的亚目标进一步内化。同时，亚目标的内化又受到它所影响的日常决策的反馈系统的强化。日常决策的制定是按照惯例系统进行的，而这个系统是由组织提供的操作标准进行决策的，组织亚单元的目标对这些操作标准起着重要作用。塞尔兹尼克进一步指出："亚目标的内化部分地依赖于组织目标的操作性，而组织目标操作性的变化又影响着日常决策的内容和亚单元目标内化的范围。"❶参与者组织目标的内化和组织目标操作性的相互作用影响了组织日常决策的效果。

由此可以看出，代表性对组织目标的实现具有功能性和功能障碍两种结果。无论组织目标的成就是增加还是减少，都会引起代表性的增加。

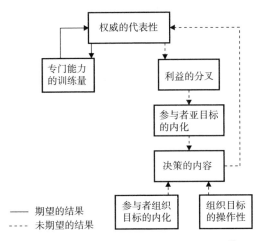

图2-2 简化的塞尔兹尼克科层制模型❷

二、基于行为的可靠性进行控制的科层制模型

罗伯特·默顿（Robert Merton）研究了在一般情况下产生效率的因素如何在特定条件下产生无效率的组织行为的过程。他认为，组织成员在组织环境中产生一种反应，它会导致组织出现未预期的结果。由于科层制结构的过分一致性，使组织产生了非人性化和功能失调。他认为个性是刺激与反应之间稳定的联系，组织中个体成员的个性变化是由组织的结构因素引起的。他提出了以行为的可靠性为基础的科层制模型。（如图2-3所示）

---

❶ James G.March，Herbert A. Simon, *Organizations*，1958，New York, Wiley, 1958, p.36.

❷ Ibid, p.40.

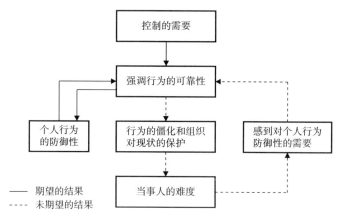

图2-3　简化的默顿科层制模型❶

（一）增加组织行为的可靠性会导致行为的僵化

默顿是从组织的顶端对控制的需要开始的，因此要增加组织内部行为的可靠性。要增加可靠性，就要对行为有一定的预测性，这就需要建立一种可测的、确定的机械模型。对这种对行为可靠性的要求就出现了以下的结果。

（1）减少了人际关系，突出了组织内部位置或规则之间的关系。

（2）使组织规则进一步内化。

（3）寻找能够提高预测组织行为的方法。

默顿认为，减少人际关系会增加成员对共同目标和利益的认知，也会增加组织成员独立抵抗外部的力量，也有可能成为强化僵化行为的基础。寻找能够提高预测组织行为的方法，增加了参与者行为的僵化。

（二）参与者行为僵化引起的后果

（1）保持现状，满足系统存在最重要的需要。

（2）增加了个体行为的防御性。

（3）增加了当事人系统的难度。这也为识别行为可靠性增加了难度。

（4）引起当事人系统的不满。当事人系统的不满也会强化这种僵化。默顿指出："当事人系统不满时会自身会强化这种僵化。一方面，使处在较低层次的当事人增加对个人行为防御性需要的压力，另一方面，处在较高层的要求补救的

---

❶　James G.March，Herbert A. Simon，*Organizations*，1958，New York，Wiley，1958，p.37.

行动可能会被误导。"❶

三、基于规则控制的科层制模型

古尔德纳主要研究了科层制的规则在保持组织结构时所产生的结果。他提出一个基于规则控制的科层制模型（如图2-4所示）。这个模型试图说明用保持亚系统平衡的控制技术是如何干扰大系统的平衡同时对亚系统起到反馈作用的。

（一）以规则进行调节所导致的后果

古尔德纳认为，由于等级顶层控制的要求，需要建立以一般性和非个人化的原则调节工作的机制，这是一种以标准化操作程序为基础的机械调节模型。这种调节方式会导致以下后果。

（1）减少了小组内部明显的权力关系。

（2）小组内部权威性与平等性之间的相互作用影响着监督和控制的合法性。

（3）影响着个人之间关系紧张的程度。

（二）使用规则出现的预期效果

古尔德纳认为，使用规则出现了下列预期的结果。

（1）淡化了权威的作用，强化了规则的作用。小组是按照规则办事，而不按照权威的意图办事。

（2）规定了最低限度可接受行为的知识。通过规定不可接受的行为，使组织成员获得了最低限度可接受的行为的知识。

（3）加大了目标与成就之间的距离。由于组织目标是低层次的内化，对允许行为的最低层次的规定就加大了组织目标与通过把行为降低到最低水平所取得的成就之间的差异。

古尔德纳认为，最低水平的成就在科层制的统治者看来就是控制的失败。他指出："规则的内在的稳定的效果与它们在大组织中产生的不平衡是共同存在的，对不平衡的反应增加了对工作小组的密切的监督。"❷这种反应是以机械模型为基础的。从这种模型来看，低水平的成就表明这种机械控制机

❶　James G.March，Herbert A.Simon，*Organizations*，1958，New York, Wiley, 1958,p.41.

❷　Ibid, p.44.

制出了问题，需要对其进行检修和控制。但是，随之而来的则是对平衡的打破。正如古尔德纳指出的那样："这种密切的监督又增加了组织内部权力关系的可见性，提高了工作小组的紧张水平，因而打破了原来建立在规则之上的平衡。"❶

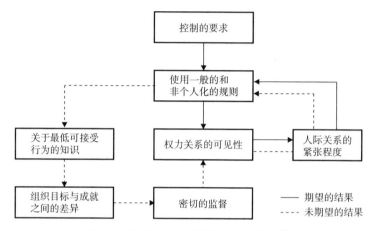

图2-4　简化的古尔德纳科层制模型❷

第四节　组织是社会有机体和合作系统

一、组织是对环境进行整体调节的有机体和合作系统

传统上，对组织的研究是把组织看成一个封闭系统和理性结构。菲利普·塞尔兹尼克从社会学的角度来研究组织。他认为，组织是开放的，要研究组织与环境的关系问题，特别要关注个体对组织的反应。他认为组织中不仅是理性的，组织中存在非理性的方面。他用结构—功能分析和系统的方法来分析组织。他于1948年探讨了这些问题。

（一）组织的特点

1.组织既代表正式结构，也存在个体之间和个体与组织之间的合作关系

塞尔兹尼克认为，组织作为行动系统，代表着控制的正式结构，但这只是由

---

❶　James G. March，Herbert A.Simon，*Organizations*，1958，New York, Wiley, 1958, p.44.

❷　Ibid, p.44.

个人组成的社会结构的一个方面。在组织中的个人之间以及个人与组织整体之间都存在相互合作的关系。

2. 组织既是正式结构，也要对制度性环境进行整体性调节

塞尔兹尼克认为，组织不仅是正式结构，在正规的组织中还存在一个制度性的环境。正规系统以及它所构成的社会结构，都会有来自制度性环境的压力，因而必须对制度性环境做出一些整体性的调节。正规的组织和管理设计都不可能全部反映和描述它所涉及的具体组织的情况，而这些实际存在的因素对组织的发展起着重要作用。

3. 组织既是经济实体，也是具有适应性的社会结构

组织是经济实体。任何具体的组织系统都是一个经济实体，也是具有适应性的社会结构。当把组织看成经济体时，组织是一个关系系统，它决定了如何利用稀有资源的问题，这个系统就比较注重组织的效率或有效性的问题。这个经济实体也受到组织系统外部的具体结构的有机状态的影响，特别是当领导者的注意力指向权威的合法性、追求目标的动力机制时就更为明显。

4. 组织是合作系统，也是具有适应性的社会有机体

组织是合作系统，它是由作为一个整体的相互作用的个体构成的，而且与正式的合作系统相关。具体结构是受组织的正规和非正规方面的相应影响而形成的，而且这种结构本身就是一个整体，是一种具有适应性的有机体，能对外部环境对它的影响做出反应。

5. 组织是整体的、稳定的、连续的、和谐的系统

从结构—功能的分析方法来看组织，它有这样一些基本特征：（1）整体性。组织在外部环境的各种社会作用下保持整体性。（2）稳定性。组织的权威和交流渠道是相对稳定的，组织内部非正式关系也是相对稳定的。（3）连续性。组织的政策以及决定政策的来源具有连续性。（4）和谐性。组织的意义和角色在外观上是和谐的。

（二）"吸收新成员"的调节和合作功能

在塞尔兹尼克看来，组织中的领导关注的是组织对外部环境的适应性。组织作为一个动态的系统，不断地适应环境，也可以对环境带来的压力进行调节。在

面对环境的压力时，组织可以采取一定的调节方式。他指出："吸收新成员是把新成员吸收到组织的领导或决策结构中，以避免这些成员对组织的稳定性和存在构成威胁。"❶通过这种机制，组织可以解决问题和缓解压力，系统就能够保持其存在、和谐和稳定，而不至于崩溃。吸收新成员的主要作用有以下几点。

1. 解决控制的一致性出现的问题

塞尔兹尼克认为，控制的一致性只是一种理想的情境，由于受到多种因素的影响，控制的不一致性则更为常见。出现了控制的不一致性，就说明正式权威的合法性存在问题。在这种情况下，就需要通过在领导层吸收新成员的方式来实现一致性。这些新成员都具有一定的代表性，可以代表公众的一些观点，在一定程度上也受到公众的拥护和支持。

2. 缓解特定权力中心的压力

塞尔尼兹克认为，威胁正式权威的组织化的力量会影响其结构和政策，给权力中心造成一定压力，因而要考虑组织环境和位置的作用。把外部成员吸收到组织的领导或决策层并给予适合的位置，使其具有独立支配资源的权力，这样可以缓减这种压力。在他看来，吸收新成员不仅仅是领导层的变化或扩大，也"是对正规的权威和社会权力之间的紧张状态的反应"。❷

3. 促进组织的合作

"吸收新成员"是组织合作的一种方式。通过给局外人一个职位，组织可以更好地了解存在的问题，使组织与外部力量进行协商，促进组织的合作。在不同的组织中都存在这种情况，如在工商业组织中的董事会中有银行和其他财政和金融机构的代表。

二、组织是个体与组织、上级与下级的合作系统

过去人们把组织看成是机械系统，比较重视组织本身，而对组织中人与人、个体与个体、个体与组织的关系重视不够。事实上，个体和个体、个体和组织的关系是组织中的一个重要问题。巴纳德于1938年指出，可以把组织看成一个合作

---

❶ Philip Selznick，Fundations of Theory Organization，*American Sociology Review*, Vol.13, No.1(Feb., 1948), p. 34.

❷ Ibid, p. 35.

系统。这个合作系统包括两个方面：一是个体与组织的合作，这种合作主要体现在个体对组织的贡献和组织对个体的回报上。二是上级与下级的合作，这种合作体现在管理上就是重视下级之间的交流和沟通。

（一）个体与组织之间的合作

个体与组织的合作主要体现在个体对组织的贡献和组织对个体的回报上。个体与组织必须合作，否则组织将不可能解决问题。巴纳德指出，组织的本质是"个人自愿地努力去为协作系统做贡献"。❶每个参与者和参与者团体都从组织中得到回报，作为对他们的奖励。只有当每个参与者得到的回报等于或者大于他们的贡献时，才会继续参与。在理想状态下，各个参与者为组织所做的贡献应当等于组织给予他们的回报。因此，当组织得到足够的贡献，从而能够提供足够的回报以获得这些贡献时，组织才具有主体性，才能继续存在。如果组织的成员不愿意做出贡献并实现目标，它就不能有效地运转。

在个体与组织的合作中，激励具有重要作用。

1.激励是实现合作的途径

（1）激励的方法主要是物质方面的激励和人事方面的激励。物质方面的激励主要包括金钱、物品、物质条件、工业、股权、附加津贴等，人事方面的激励主要包括威望、个人精神奖励、个人权力等。在他看来，获得统治位置比物质更重要。

（2）不同组织中的激励方法不同。工业组织、政治组织和宗教组织的激励方式是不同的。

2.激励是组织存在的基础

巴纳德认为应该看到组织激励参与者不断做作贡献的重要性。他认为组织激励个体为组织做贡献是组织存在的基础，由此他提出了均衡的概念，认为均衡是组织吸引足够多的贡献以保证其生存的能力。

（二）上下级之间的合作

上下级之间的合作主要有三个方面。（1）需要有共同的目标。要合作就需

---

❶　Chester I. Barnard, The Economy of Incentives，转引自Jay M. Shafritz，J.Steven Ott, *Classics of Organization Theory*，Fifth Edition，Wadsworth Thomsom Learing, 2001, p.93.

要有目标。组织需要有一个共同的目标，也需要有一个组织成员能够理解、与之联系并努力达到的、清楚的和现实的目标。管理者的责任就是设定这样的共同目标。（2）需要底层和中间所有层级的合作。要实现这个目标，就需要上下级之间的合作。因此，巴纳德认为，权力的流动应当是自下而上的。他把权力定义为下属对上级的反应，而不是管理层的所有物。（3）需要实现系统的、有目的的沟通。合作体现在组织需要正式和非正式的沟通上。组织作为沟通体系，是以这种方式来连接所有成员的。因此他把正式或非正式的沟通看成管理者的关键职责。正式组织是从非正式组织中产生的，也是非正式组织所需要的；但是当正式组织开始运作之后，也创建并需要创建非正式组织，非正式结构有助于沟通和维持凝聚力。由此来看，经理应该为组织创造道德约束氛围，建立正式和非正式沟通系统，促进人们自愿地协作。

第五节　动机人性与管理组织

一、霍桑实验与人际关系管理模式

人与人之间不仅是正式的结构关系，也是非正式的结构关系；人不仅是通过物质利益来满足其物质需要的，也需要通过沟通来满足其情感方面的需要。从20世纪20年代开始，梅因（Mayo）等人在美国做了影响生产因素的实验，这个实验也被称为霍桑实验。在经过了两个阶段的实验之后，梅因在1933年对霍桑实验进行了总结，写成了题为《工业文明中的人类问题》的报告。这个报告对霍桑实验进行了理论上的概括，指出了组织研究中的一些问题，特别提出了组织中存在的非正式结构和人际关系，它们在管理中起着重要的作用。

（一）霍桑实验的基本内容和本质

霍桑实验是梅因于20世纪二三十年代在芝加哥的西电霍桑工厂进行的。实验分为两个阶段，第一阶段是霍桑照明实验，持续到1927年，检验了不同层次的照明对工人生产力的影响。工程师成立了控制和实验小组，实验组的工人在工作时受到不同程度的照明，而控制组的照明保持不变。1927年开始了霍桑实验的第二阶段，在照明实验工作的基础上，研究延长休息时间、缩短工作日、减少工作周、提供免费点心、改革薪酬制度、更有效和更好地沟通，以及放松通常由一线主管制定的纪律等方面对生产力产生的影响。霍桑实验研究了影响生产力的各种因素，如光线、工厂环境、工作时间等因素，其本质是研究影响组织的相关因素。

（二）霍桑实验提出了人际关系的管理模式

霍桑实验指出组织中存在人际关系，这种人际关系对管理有重要作用，这也标志着人际关系的管理模式的形成。这种管理模式有以下特点。

（1）把人看成是人。效率的管理模式把人看成是机器的一部分，而人际关系的管理模式把人看成是人，在工作中应该把工人作为人来关注，看到人是有需要的，而且个人的需要是有差异的。对工人不能仅仅依靠外部控制，要看到工人具有自我控制的能力，工人可以对自己的工作进行控制。

（2）重视非正式组织的作用。人们过去认为在组织中只存在正式结构。霍桑实验的研究说明在组织中还存在非正式结构，人们创造这些非正式的结构、规则和沟通方式来满足他们的情感需要。这种非正式结构比正式结构对个体行为产生更大的效绩，甚至会影响整个组织的效绩。

（3）重视工作的意义。工作不是外在的负担，工作本身是充满意义的。人们需要在工作中获得意义也能够在工作中获得意义。

（4）人是需要交往的。人在相互交往中得到规定，在交往中获得意义和成功。

（5）重视社会和情感的作用。在工作中不能只靠物质的刺激和外在的控制，还要调动社会和情感的力量。

（6）人与组织是相互依赖、共同发展的。应该为工人提供有利于工人发展的条件和社会环境。个人对组织的认同和忠诚的程度与环境和工作提供的意义和个人对这种意义的需要、接受程度有密切关系。

二、人的需要层次与动机

人的工作的动机来自需要。泰勒认为物质和金钱是人的主要需要，是工作的动机。巴纳德认为人有物质和非物质的需求，但并没有在这两种需求中进行细分。马斯洛（A.H.Maslow）于1943年提出了需要层次论的动机模型。他认为，人有5种需求，这5种需求是按照等级由低到高排列的。前一个层次的需要得到满足之后，才会产生下一个层次的需要，动机也是从低到高发展的。马斯洛的动机理论具有一般性的意义，并不是专门和直接针对组织管理的，但它揭示了人的动机的发展过程，为从更全面的角度来认识组织行为和进行管理提供了理论基础，它在管理实践中具有重要的指导作用。马斯洛的动机模型包括以下几个方面。

（一）生理的需要

生理需要是一切需要的基础。它包括体内平衡的需要（如满足饥渴等）、对氧气和保持温度的需要、睡眠的需要、感觉快乐的需要、母爱的需要、性的需要等。当满足生理需要成为最主要的问题时，其他需要都会退在后面。只有当生理需要得到满足之后，才能产生其他需要。

（二）安全的需要

安全的需要是指人们总是倾向于寻求安全、尽量避免身体受到威胁和伤害，避免危险或侵犯，对这些伤害，人们都会做出反应。如婴儿受到威胁或突然跌倒，或者因刺激受到惊吓，或者从母亲怀中掉下，或者感到失去依靠，婴儿就会做出相应的反应，表明他们感受到了危险。

安全的需要还包括对可预测和常规秩序的需要。儿童喜好某种常规的生活节奏，需要有一个可预测的、有序的环境和世界，在这种环境和世界中，他们感到有安全感。人们普遍喜欢熟悉的、已知的事物和环境，而对陌生的、未知的事物和环境总有一种不安全感甚至会感到恐惧。

（三）爱的需要

爱的需要通常是指社会需要，包括情感、友谊、社会活动、归属感等，它是在生理需要和安全需要都得到很好的满足的基础上产生的。在这种情况下，个人感到需要朋友和友谊，需要在社会中占有一定的位置，需要爱他人和被爱，需要归属感。

（四）自尊的需要

自尊的需要包括自尊和得到他人的尊重。自尊包括自信、力量、独立性、自由、成就；得到他人的尊重包括声誉、尊严、地位、认同、注意和评价。人都需要自尊、自重或为他人所尊重。这些需要包括：（1）在自己的环境中，希望有实力、有成就、有信心、独立和自由。（2）要求有名誉、威望、被赏识、得到关心、被重视和得到高度评价。满足了自尊的需要就会使人感到有信心，但这些需要如果受挫，就会使人感到自卑，失去基本的信心。

（五）自我实现的需要

自我实现是人的潜力的发展和实现，自我实现的需要是指促使其潜力能够得以实现的趋势。这种趋势可以是成为自己所期望成为的人，做与自己的能力相一致的、想做的一切事情。自我实现的需要是在满足前面四种需要的基础上产生的，这种人可以说是具有最充分、最旺盛的创造力的人。当然，自我实现的需要的满足并不一定都是创造性的，它可以采取许多形式。如有的人希望成为一位理想的母亲，有的人表现在艺术或体育上，有的人表现在绘画或发明创造上。

在马斯洛看来，人的需要分为不同的层次，人有五种基本的需要。需要的满足是从满足人的最基本的生存需要出发的，然后才能上升到更高的需求。组织要创造条件来满足马斯洛所提出的不同层次的需求。生存方面的需求主要是工资和舒适的工作环境。安全的需要包括安全的工作环境，工作期限和养老、保健等方面。爱的需要包括个人和家庭、与领导和同事的关系、归属感等。自尊的需要包括对工作的肯定和回报、对个人的肯定、工作的创造性等。自我实现的需要是指工作是自我实现的体现，工作是有意义的，管理者应该鼓励员工创造性地工作。

三、 两种人性的假设与管理

人的动机问题是这一时期组织和管理研究的重点问题。马斯洛提出人的一般动机的模型，但关于人性和工作动机的关系并没有深入研究。道格拉斯·默里·麦克雷戈（Douglas Murray McGregor）于1957年在麻省理工学院的会议上做了"企业的人性面"[1]的讲演，提出了X理论和Y理论，这在动机理论发展史上具有重要的意义，对企业管理和组织理论产生了很大的影响。在麦克雷戈看来，Y理论比X理论进了一步，麦克雷戈把传统的管理叫作X理论，这种管理是以对工人的管制、强制为主的。他主张鼓励工人发挥主动性和积极性，他把这种理论叫作Y理论。他认为，只有Y理论才能在管理上取得成功。

---

[1] Douglas Murray McGregor，The Human Side of Enterprise，*Management Review*, November 1957, The Mc Graw –Hill Company Inc, 2006, pp.43-83.

（一）X理论的基本观点

（1）一般的人天性都是懒惰的，普遍不喜欢工作，也尽可能地少工作。

（2）多数人都试图逃避责任，宁愿受人领导。

（3）多数人强调自我，不太关心组织。

（4）多数人都缺乏抱负，容易满足，其天性就抵触甚至反对变革。

（5）如果没有管理人员的干预，多数人需要在强迫、控制或受到惩罚的威胁之下为实现组织目标而工作。

（二）Y理论

1. 需要的层次性与Y理论的提出

麦克雷戈指出，Y理论的提出是建立在对人的需要层次的认识的基础之上的。他指出，人的需要是一个层次。它包括生理需要、安全需要、社会需要、自我的需要和自我实现的需要。人的需要是按照等级组织起来的，一种得到满足的需要就不再是行为的激励因素了。在生理需要得到合理满足之后，安全需要显得重要了。但实际上，工人都处于从属地位，因此安全需要就更重要了。传统的管理方式对这一点并不重视。当物质需要不再为人们所担心时，社会需要就成为重要的激励因素。社会需要包括对友谊、归属、交际等社会方面的需要。传统的管理并不重视这一点。自我的需要包括与个人自尊和名誉有关的需要，在传统的管理中并没有提供满足处于组织底层的人的这些需要的僵化。自我实现的需要是具有创造性的需要，多数人在这方面处于沉睡状态。

2. 建立在X理论基础上的管理方法是有局限性的

在麦克雷戈看来，以X理论为基础的管理所采用的"胡萝卜加大棒"的方法，对下属的发展是不利的，它限制了对下属技能的展示和下属对工作的控制能力。但它在一定的条件下又是有效的。只要个人需要满足生存的需要，管理者就可以通过一定手段对其进行控制，如通过满足工作本身、工资、工作条件、福利等生理需要和在一定程度上的安全需要的手段对员工进行控制。但当员工基本的生活需要得到满足而需要满足其他较高级的需求时，就需要采取新的激励方法。

3. Y理论的基本观点

（1）人的天性并不是消极的，多数人认为工作和休息一样是自然而快乐的。工作是愉快的，它可以使人得到满足。如果人们对组织目标承担责任，自然会进行自我定向和自我控制。

（2）员工都具有自我指导、自我激励、自我控制和自觉实现组织目标的倾向和能力。这些倾向和能力是员工自身就具有的，管理者只是提供人们去认识、发掘和展示这些特性的条件和环境。

（3）逃避责任并不是人的本性。如果员工能够致力于其所追求的目标，他们就会接受甚至承担责任。多数人的工作潜力是很大的，管理者的主要任务是创造条件使人们能够通过自己的努力最大限度地发挥其潜力，并能够趋向和实现组织目标。

（4）并不是只有管理者聪慧并具有想象力、创造力和较强的决策能力，人们也都普遍拥有这些特征和品质。

4. 实现Y理论基础上的管理的途径

在麦克雷戈看来，Y理论比X理论要进步，它代表了管理发展的方向。但在实际的管理中，要实现Y理论的管理方法有一定困难，因为存在阻碍其实现的环境和条件。要实现Y理论的管理方法，需要具有以下新的思想。

（1）分权化或授权。这种方法摆脱了传统的组织控制方式，人们可以有一定程度的自主性去决定自己的行为，承担相应的责任并满足自我的需要。

（2）参与和咨询管理。这种方法把人们的主动性、创造性引导到实现组织的目标上来，也为人们满足自我实现的需要提供条件和机会。

（3）扩大工作。它鼓励基层人员承担相应的责任，也为满足社会需要和自我需要提供一定的机会。

（4）以个人和自我评价为主的绩效评价方式。如有的公司要求个人确定半年或一年的目标，然后再进行自我评价。当然上级也起一定的作用，但与传统的完全由上级来评价下级的方式是不同的。这就鼓励个人在确定目标和进行绩效评价方面承担更大的责任，也对实现自我的需要和自我实现的需要起了重要作用。

在麦克雷戈看来，不能把上述这些思想纳入传统的X理论的框架中。例如用控制的方法进行授权等就不能有效地进行管理。必须要突出人的方面，把人看成主体，只有那些对人的能力有信心并致力于组织目标而不是个人利益的人，才能掌握这种管理的精髓。

建立在Y理论假设基础上的管理是以激励而且是非物质性的激励为主的管理方法，它是一种开放的、灵活的、人性化的管理。它关注组织中每个人的成长，不限制下属的发展，而是为每个组织成员创造发展的机会，释放成员的潜能，鼓励成员成长。它把员工和组织融为一体，使员工具有责任感、归属感、荣誉感、成就感，使个人成就和组织的效益达到有机统一。

四、 成功的动机与激励管理

马斯洛的需要层次论包括爱的需要、尊重的需要和自我实现的需要，但并没有明确指出成功的需求和激励。大卫·麦克兰德（David C.McClelland）于1966年对成功的动机问题进行了研究。❶他认为交往、权力和成功是人的3种基本需要，这3种基本需要大致与马斯洛提出的爱的需要、尊重的需要和自我实现的需要相对应。这3种基本需要在不同的环境下是不同的，管理者在成就方面的动机比在交往方面的动机要高。成功的需要是国家经济发展和成功的最关键的因素，成功的需要是与创业精神和可利用资源的开发联系在一起的。麦克兰德以马斯洛的动机理论为基础，又受麦克雷戈理论的影响，提出了成功理论和建立在成功驱动力基础之上的管理。

（一）希望成功的人的动机和品质

麦克兰德经过研究指出，从成功动机的角度来看，可以把多数人大体分成高成功动机和低成功动机两种类型。一些人有很强的成功动机，另一些人则是很弱。只有少数人的成功动机很高，抓住机遇、努力工作并以求有所成就，而多数人成功的动机并不强。成功动机较强的人一般具有自尊和自我实现的需求，他们也重视金钱，但只是把钱看成是手段而不是目的。而成功动机低的人则追求金钱，把金钱看成是最终目的。

麦克兰德指出，国家经济的发展是需要成就激励的，但由于文化传统、历史条件、经济制度等因素的影响，东西方经济发展的成就激励机制也是不同的。西方文化中的新教伦理和社会达尔文主义对成就的激励起了一定作用，在其他的经

---

❶ David C. McClelland，The Urge to Achieve, *Think magazine*, November –December, 1966, pp.19-23.

济制度中也存在特定的激励成就的机制。提到成就的指标，一般会想到经济的发展、公司的利润、个人的报酬，这只是从物质方面来说的，但这些都不是真正成功的标志，成功的标志更侧重于精神方面。

麦克兰德指出，不仅国家的发展成就需要激励，个体的成功也需要激励。不同个体的成功动机和激励程度是不同的，有的人把它看得很高，有的人则看得很低。商人和企业家成功的动机和激励比其他人要强，商人和企业家是一个希望获得成功的群体，他们一般都具有以下的品质：（1）制定适中的目标。他们制定的目标不高也不低，这种目标有一定的挑战性但它又是可以通过一定的努力能够达到的。（2）他们一般能够接受中等程度的风险，而不愿为获得更高的利润去冒险。（3）重视工作的成就感。（4）对工作非常执着，能够对工作进展进行及时的反馈。

（二）激励成功的方法

成功的动机并不是先天的，而与环境密切相关。不同群体的人的成功动机的层次是不同的，但可以通过训练来激励和提升成功动机的层次和水平。麦克雷戈通过一些课程的设计和训练，提升了成功的动机。经过实验，这些方法是有效的。这些方法有以下几种。

1. 要有梦想，但要反对白日做梦

成功人士都有梦想，尽管梦想的内容是不同的、因人而异的，但梦想可以激发成功的动机。

2. 制定切实可行的目标

要想成功，首先要有梦想和目标。制定目标要从自己的实际出发，也要考虑环境的因素。但目标应该是符合实际和个人的，是可行的。目标一旦制定，就要脚踏实地去做，只有这样，才能一步一步地迈向成功。

3. 向成功人士学习

成功人士都有其成功的经验，观察和总结成功人士是如何成功的，在此基础上向他们学习。此外，应该要像成功动机较高的人那样去想问题，但同时也要结合个人的实际情况和特点，形成符合自己特点的成功之路和模式。

4. 改变自我

改变自己的意识和固定的观念。有些意识和观念有时会束缚自己，需要不断地挑战自我，克服阻碍成功的各种心理障碍。

5. 不断进行行为的正向反馈来强化成功

成功的动机是通过不断地正向反馈来强化的。每次小的成功都会起到强化作用。从小成功到大成功，从一次成功到多次成功，都会起着正面的强化作用。不断地成功，可以使人产生获得成功的更高的愿望，这种愿望又可以进一步促进成功，这就形成了一种良性循环。这个良性循环的过程也是形成更高成功动机的过程。

第三章　组织结构及其影响因素

组织结构是古典的组织研究中的重要内容之一。但在古典的研究中，过分重视结构，把人淹没在组织结构中，出现了只见组织不见人的倾向。在后来的组织研究中，人的问题得到了凸显，这就纠正了只见结构不见人的倾向。在强调了人的作用的同时，对组织结构的研究又成为时代的主题，这与古典组织理论家重视对结构的研究确有相似之处，但又不完全相同，是在综合了多种要素基础上对古典组织结构研究的丰富和发展，是组织结构研究的重大转变。它主要表现在以下几个方面。（1）从影响组织结构的单一变量到多种变量的转变。（2）从纵向结构向多种结构的转变。（3）从封闭向开放的转变。不仅研究组织内部，也研究环境变化对组织结构的影响。（4）把结构和行为有机结合起来。（5）把分工和整合结合起来。（6）把机械层面与社会和心理层面结合起来。（7）把组织的目标和组织的生存结合起来。总之，这一时期对组织结构的研究是以人为主体，在开放、多因素、动态中来设计和研究组织结构的。这样的组织结构不是简单的、传统意义上的组织结构，而是多要素的、现代的组织结构。这样就扩展了组织研究的范围，深化了对组织本质的认识，对组织的研究进入了一个新阶段。

第一节　概述

一、历史背景

（一）对人的问题的研究为结构的研究奠定了基础

古典组织理论就重视研究组织结构，但它们所研究的结构是简单的、单一的、纵向的、封闭的、机械的。随着组织研究的转向，研究者开始关注组织的社会性、有机性和非理性等方面，特别是对组织行为的研究，凸显了组织研究中以人为本的理念。重视对人和组织行为的问题，促进了组织和管理的研究。对组织行为的研究不是替代或降低对结构研究的重要性，而是为结构的研究奠定了更加坚实的基础。正是建立在以人为本的基础之上，对组织结构的认识才更加全面，离开对组织中人的科学研究就不可能真正地、全面地、科学地认识组织结构。从20世纪60年代开始，对组织结构的研究又作为研究的重点凸显出来。

（二）人力资源理论的局限性日益显现

人力资源理论重视研究人的问题，但在重视研究人的行为的同时，也存在一些问题。因为人的行为只能认识和解决组织中的一些问题，并不能解决组织和管理中的全部问题。随着管理实践的发展，仅靠人力资源的理论已经不能认识和解决组织理论和管理实践中的问题，它的局限性也就日益暴露出来。这就需要从多方面来重新认识组织。

（三）系统论的影响

组织结构一般是指组织内部构成部分或各部分之间的关系。从系统论来看，组织是一个开放系统，是与环境进行相互作用的。组织结构不仅包括组织内部构成部分或各部分之间的关系，也包括组织内部各部分与环境的相互作用。就组织内部构成或各部分之间的关系来看，如组织的正式结构、职权结构等都是组织的结构。从组织与环境的关系来看，组织结构是组织的环境与其内部各分系统之间的纽带或网络。❶组织面对不同的环境，就会建立相应的结构来应对环境。组织的很多部门就是直接与环境的某个具体部分发生作用的。因此，从系统论开放系统的观点出发，就能够对组织结构有新的认识。

（四）影响组织设计的因素越来越多

影响组织设计的因素很多，特别是环境、技术、文化等因素对组织的影响越来越大。组织结构的设计不仅要考虑单一因素的影响，还要考虑多种因素综合作用对组织结构的影响。

---

❶ [美] 弗里蒙特·E.卡斯特、詹姆斯·E.罗森茨韦克：《组织与管理》，李柱流等译，中国社会科学出版社1985年版，第239页。

（五）社会技术系统的影响

"二战"结束后，英国的私人心理治疗门诊中心塔维斯托克诊所改建成塔维斯托克学院（Tavistok Institution）。这个学院的研究人员对这种组织为提高生产率和士气采用的不同方法进行了一系列研究。他们指出，组织既是社会系统，也是技术系统。社会技术系统强调人和技术两个方面的重要性。在这个结构中，人和社会的因素与技术因素相互依赖、相互作用。在社会技术系统中，既要重视人的需求，也要重视技术效率，要使二者能够有效地协调。在考虑组织技术变革的时候，就必须要考虑社会和文化的因素。社会技术系统对组织结构的设计也是有着重要影响的。组织设计不仅是技术系统的设计，也是社会系统的设计，更是这两方面的和谐统一。

（六）工作设计考虑的因素越来越多

工作设计的内容包括工作的丰富化、工作的扩大化、工作的再造等。工作的设计既是行为科学研究的内容，也是组织结构的设计研究的重要内容之一。工作设计不仅考虑工人的满意度等问题，也与任务、技术、人的行为等因素密切相关。与工作相关的各个因素是一种变量关系，这些变量对工作设计有重要的影响。

二、研究的主要内容

（一）组织变量对结构设计的影响

组织的变量对组织结构的设计有重要影响。有的是单一因素影响结构，有的是多个因素及其综合作用影响组织设计。

（二）组织的结构模型

组织结构的模型是多样的。根据不同变量和不同要求可以设计和选择不同的结构模型。

（三）组织的整合

斯密重视分工，韦伯重视集中，在这一时期则比较重视整合。根据环境和任务的不同，可以采取不同的整合方式。

（四）组织的垂直差异和水平差异

组织的垂直差异确立了组织的等级结构，组织的水平差异则确立了部门化的结构。部门化的结构一般是由功能、产品和位置三个因素决定的。

（五）组织环境和任务对组织结构的影响

环境和任务对组织结构的影响越来越大。根据环境和任务的不同，组织就会建立相应的组织部门和结构。

三、研究的方法和主要变量

（一）研究方法

研究的主要方法有行为科学的方法、系统的方法、结构的方法。

（二）主要变量

影响组织结构的因素很多，包括人、环境、技术、规模、任务、信息等因素，有的是受单一因素的影响，有的是受这些因素中的几个因素的综合影响。组织结构不是一成不变的，当出现一种或多种新的因素和新的需求时，就会产生与此相适应的组织结构。有的组织结构主要是由某一种因素决定，而有的组织结构则是两种或多种因素共同决定的。例如，采取矩阵组织结构则需要3种条件同时存在。因此在研究组织结构时，就要考虑这些变量因素。

（1）人。人是决定和设计组织结构的重要因素。不仅是技术的人，是经济人，也是社会的人，具有社会和心理的因素。对结构的研究是以人为基础的。离开人，对结构的认识就会陷入机械性，离开人就不可能全面地认识组织结构。

（2）环境。环境是决定组织结构及其设计的重要因素，环境发生变化，组织结构要与此相适应。

（3）信息。信息量的不同、信息的处理方式不同，组织结构也就不同。

（4）任务。任务的特点影响组织结构。常规的任务和非常规的任务对结构的影响不同。

（5）技术。技术的类型和特点对组织结构有影响，特别是现代信息技术对组织结构产生了重要影响。

（6）规模。规模的大小对组织结构有重要影响。

（三）基本假设

（1）组织是为实现自己目标的理性实体。对给定的目标来说，任何组织都存在最适合甚至是最好的结构。

（2）控制和协调是保证组织存在和运作的关键，专业化和分工是提高效率的途径。

（四）结构的缺陷

结构的缺陷使许多组织产生了许多问题，因而通过重新设计和改变结构来解决这些问题。

（五）组织各部分及其相互关系

组织各部分及其相互关系是在组织演化过程中形成的。组织存在某些机能障碍是合理的，但有害部分最终要么变得对组织有利，要么被瓦解，否则组织整体就会崩溃。

四、组织的观念和概念

（一）组织是理性的实体

（二）组织是适应环境的自然系统

组织是由相互依赖的部分组成的，每个部分都服务于组织整体并受制于整体，这个整体也与其环境相互关联。

（三）组织是与环境相互作用的单元

组织不是自治的实体，而是与其他社会单元相互依存的实体。组织不是简单的适应环境，还与环境相互作用。

（四）组织是体内平衡或自稳定系统

体内平衡或自稳定机制自发地控制着系统各部分之间的关系和系统的活动，并使组织在外部环境波动的情况下仍然保持自身稳定和可靠性。

第二节　组织系统的结构特征

斯科特（Scott）于1961年从系统论的角度对组织进行研究。他认为，从系统论来看，组织是一种系统结构，它由四个部分组成，包括组织系统的构成、连接方式、目标和层面。❶

---

❶ William G.Scott，Organization Theory：An Overview and an Appraisal, *The Journal Of The Academy Management*, Vol. 4, No. 1, (Apr., 1961), pp. 7-26.

一、组织系统的基本结构

斯科特认为，组织系统是由基本部分、功能部分、性质部分、环境部分4个部分组成的，这4个部分之间是相互依赖的。

（1）基本部分。个体和人格结构是系统的基本组成部分，人格的主要方面是动机和态度，规定了它参与系统所要满足的期望范围。

（2）功能部分。正式组织是系统的功能部分，"它是不同工作之间的相互联系的模式，这种模式形成了系统结构"。❶

（3）性质部分。非正式组织是组织的性质之一，是存在于个体和非正式小组中的相互作用的模式。

（4）环境部分。物质环境是从事工作的基本条件，它包括心理条件、社会条件和工作的物质条件。

二、组织系统结构的连接方式

斯科特指出了组织各个部分的连接方式有以下3种。

1. 网络交流

组织系统是通过系统的网络交流来连接的。网络交流是一种方法，通过这种方法，从系统的组成部分中唤起行为。交流不仅是行动刺激的结果，也是在系统模式中连接决策中心的控制和协调机制，这也是现代组织理论研究的一个重要方面。

2. 平衡机制

平衡是一种机制，平衡机制可以使系统的各个部分保持一种彼此和谐的结构化的关系。

3. 决策

决策是在个体态度和组织需要之间的关系中形成的。个体参与组织的决策反映了组织回报和组织要求之间关系的一些问题。

三、组织系统追求的目标

组织有3个相互依赖的目标：成长、稳定性和相互作用。这些目标可以应用

---

❶　William G.Scott，Organization Theory：An Overview and an Appraisal，*The Journal Of The Academy Management*，Vol. 4, No. 1, (Apr., 1961), p.16.

到组织的不同形式中，从简单的组织到社会系统。伯尔丁（Boulding）认为，现代组织理论和一般系统论都研究下面几个问题：（1）部分（个体）的总数，个体进入或离开系统的运动。（2）个体与他们在系统中发现的环境之间的相互作用。（3）系统中个体之间的相互作用。（4）系统的一般成长和稳定问题[1]。

四、组织系统的层面结构

组织是一个整合的整体。组织不仅要研究人，而且应当研究组织系统的层次，这就需要具体分析组成系统的各个层面。通过在组织不同层面上找到共同性来研究组织，这可以为研究组织奠定基础。伯尔丁指出了系统的层次和类型，不同层次和类型的系统在构成要素的复杂性和相互关系上有不同的特点。根据层次的复杂性，他对系统进行了分类，他把组织系统分成了9个层次。

（1）静态结构。这是组织系统的框架层面，是对系统的解剖，如动物的骨骼。

（2）简单的动态系统。这种变化是可以预见的，如时钟。

（3）神经控制系统。它可以通过自组织达到平衡，如恒温箱。

（4）开放系统。它是具有自我保持的系统，如生物细胞。

（5）有机社会系统。具有分工的特征。

（6）动物系统。具有指向目标的行为特征，是运动层面的。

（7）人类系统。它具有自我意识并可以通过符号进行解释和观念交流。

（8）社会系统。人类组织的层面，有共同的规则和文化。

（9）超越系统。极端的和绝对的层面，它展示的是系统的结构，但在本质上是未知的[2]。

伯尔丁的分类指出了世界上系统的复杂性、广泛性和多样性。（1）~（3）是物理系统，（4）~（6）是生物系统，（7）~（8）是人类和社会系统，（9）是超越系统。在伯尔丁看来，这些系统层次之间有着内在联系，是从低到高、从简单到复杂、从联系紧密到联系松散的过程，高一级的系统包含着低一级系统的特

---

[1] William G.Scott，Organization Theory: An Overview and an Appraisal，*Academy of Management Journal,* 4, April, 1961, p.20.

[2] Ibid, p.21.

征。随着系统层次的不断发展，组织就变得更加有机、更加适应环境的变化。

第三节　技术对组织结构的影响

一、三种技术类型与组织结构的变化

在20世纪60年代，伍德沃德（WoodWard）对东南部艾塞克斯的100家英国制造公司做了一项重要研究。他研究了技术、组织结构和绩效之间的关系，认为这三者存在相关性❶。他认为，有绩效的公司所采取的组织形式，都是与公司的主要生产技术的变化相适应的。公司的生产技术改变了，组织形式也会随之发生变化。

（一）技术的特点和类型

伍德沃德所说的技术范围较广，是一种生产技术类型，它不仅是指所使用的机器，也是指它被组织、操作和整合而成的生产过程的方式。由此，他划分了3种不同的生产技术类型，研究了3组不同的公司。这3种不同生产技术类型分别是：小批量生产、大批量生产、连续性生产。这3种技术类型体现了从简单技术到复杂技术的过程。

（二）3种技术类型与组织和管理结构

伍德沃德指出，在组织中存在与每种技术相适应的最佳的组织和管理结构。在直接的生产部门中，从小批量到大批量，再到连续性生产，其垂直管理的层次和管理小组的规模在增加。

（1）小批量生产。在这种生产中，顾客的需求是唯一的或小数量的特殊产品。在小批量的生产中，总经理的控制跨度是4人。最恰当的结构应该是等级层次相对较少，中间管理层的控制幅度较大的组织结构。

（2）大批量生产。在这种生产中，大量生产标准化产品来满足预测的需求，如装配线生产。在大批量生产中，中层管理者应该为10人左右。

（3）连续性生产。以连续的流程进行生产，如化工或炼油厂。在连续性的

---

❶　[英] Bernard Burnes：《变革时代的管理》，任润、方礼兵译，云南大学出版社2001年版，第100~101页。

生产中，应该由一个委员会来管理。❶

二、 技术连续体对组织结构的影响

伍德沃德的工作主要是研究生产性组织，而且主要是在制造业，并没有应用在非制造业中，佩罗（Perrow）的研究补充了这一点。他在20世纪60年代分析了技术连续体对组织结构的影响，扩展了伍德沃德的研究。❷

（一）技术的常规性和非常规性

佩罗的技术有其特定的含义，主要是指组织在转换职能中所使用的技术。如在工厂中，技术是指用来完成原材料输入的技术。在医院输入的是人，在银行输入的是信息。在佩罗看来，根据处理输入的情况，可以把技术分为以下两个问题：这些问题的熟悉程度，它是熟悉的还是异常的；解决这些问题所采用的方法。

（1）常规性技术。是指要完成的工作是稳定的、可预测的，可以按照标准化的程序解决，要解决的问题例外较少。例如，炼油厂几乎是按照常规运行的。

（2）非常规技术。是指要解决的问题意外的发生率较高，要解决的问题是变动的、不可测的，解决问题的方式是多样的。例如，广告公司就会遇到许多特殊和不可测的情况，几乎是按照非常规运行的。

（二）技术的复杂性和动态性

与以上两个方面密切相关，技术也是复杂的和动态的。在佩罗看来，考虑技术时会出现两个问题：技术的复杂程度；技术的状态，如技术的静态性或可变性。

（三）技术的连续体对组织结构的影响

在佩罗看来，在研究组织时要考虑技术的常规性和非常规性、静态性和动态性这两个维度。这两个维度结合起来，就是一个技术的连续体。佩罗把这两个主要技术维度放在一起，提出了技术的连续统一体。他发展了伍德沃德把技术作为关键情境变量的思想，并在组织设计中加以应用。

---

❶ [美]弗里蒙特·E.卡斯特、詹姆斯·E.罗森茨韦克：《组织与管理》，李注流等译，中国社会科学出版社1985年版，第217页。

❷ 同上书，第213~215页。

（1）技术连续体与伯恩斯的机械和有机结构是一致的。在静态的、稳定的、常规的情况下，几乎没有意外的问题，一切基本上是按照常规进行的，即使有问题也比较容易处理。由于环境是稳定的，并且是可预测的。在这种条件下，采用机械结构就比较有效。在动态的、不稳定的、不可预测的环境中，靠机械结构就不可行。在这种情况下，应对灵活、多变的环境，需要采用有机结构。

（2）技术连续体可以有不同的组合，在一个组织中可以有不同的结构组合在一起。例如，在医院，日常的职能多数是常规的和稳定的，与此相联系，有特定的组织结构。但对病人的诊疗则是动态的、复杂的，与此相联系，也有特定的结构。因此，在复杂的组织中，都存在连续体的不同部门。

三、技术和规模对组织结构的影响

阿斯顿（Aston）小组是英国伯明翰大学的一组研究者，在20世纪60年代研究了不同组织结构形式和它们的决定变量之间的关系。他们的研究表明，技术和规模是影响组织结构的重要条件之一，也是影响组织设计的重要影响因素之一，他们具体研究了技术和规模对组织结构的相互关系。❶

（一）技术对组织结构的影响

阿斯顿小组对46个不同组织研究了技术对组织结构的影响。他们把技术分成作业技术、材料技术和知识技术。作业技术是指工作流程活动中所使用的工艺方法，材料技术是指转换过程中使用的材料的性质，知识技术是指组织中所使用的知识的特性。在这三种技术中，作业系统对结构变量的影响最为明显，但作业技术只对那些受工作流程直接影响的结构变量有影响。组织越小，它的结构就越全面地受其技术的直接影响；组织越大，这些影响的作用也就越局限于那些与工作流程有特殊联系的变量。技术和等级结构没有直接的关系。可以说，技术系统对结构变量的影响在作业系统中更为明显，因为技术是生产线结构的基本决定因素。作业技术对协调结构的影响是有限的，对战略层的作用就更是有限的了。❷

❶ [英] Bernard Burnes：《变革时代的管理》，任润、方礼兵译，云南大学出版社2001年版，第101~102页。

❷ [美] 弗里蒙特·E.卡斯特、詹姆斯·E.罗森茨韦克：《组织与管理》，李柱流等译，中国社会科学出版社1985年版，第218页。

（二）规模对组织结构的影响

阿斯顿小组认为，规模是个复杂的变量，可以有不同的定义和测量方式，表征规模最常用的指标是雇员的人数。

1.规模大小影响组织结构的正式化程度

阿斯顿小组认为，在非常小的组织中，几乎不需要正式结构。随着规模的增大，就出现了如何落实工作和对工作人员进行管理问题，这就需要把组织分成部门、半自治的亚单位，或者是大的商业组织区域或产业。

2.组织规模与组织结构和组织运行之间有密切的关系

阿斯顿小组认为，研究者认为组织规模与组织结构和组织运行之间存在密切的关系，但对这种关系的具体内容并没有完全一致的看法。多数认为，组织规模的大小影响组织结构，组织越大就越有可能采取机械结构，组织越小就越有可能采用有机结构。这种观点与韦伯的观点是一致的。阿斯顿小组认为，科层结构是有效率的，至少对大型组织是如此。

3.组织规模与组织的控制方式有密切关系

阿斯顿小组认为，小规模组织的高效和有效运转所需要的结构不适应于大规模组织。小组织需要集中的、人性化的控制形式。随着组织规模的扩大，需要分散的、非人性化的控制方式。

四、 信息技术的变量对组织的影响

现代信息技术对组织结构产生了重要的影响。理查德·伯顿（Richard M . Burton）和奥比尔（Obel）于1998年分析了信息技术的程序、规模、惯例、组合方式等对组织结构的影响。这些影响表现在以下几个方面。❶

（一）技术的程序性对正式化、结构的影响

1.技术的程序性程度与组织的正式化的程度成正比

伯顿和奥比尔指出，技术的程序性影响着组织的正式化程度，技术的程序性程度与组织的正式化程度成正比。他们指出，如果技术的程序性程度低，组织的正式化程度也就低。这是因为技术的程序性较低时，要提前处理大量信息。如

---

❶　Richard M. Burton，Borge Obel, *Technology as Contingency Factor*，转引自Jay M.Shafritz， J.Steven. Ott, *Classics of Organization Theory*，Fifth Edition，Wadsworth Thomson Learning. pp.520-525.

果技术的程序性越高，组织的正式化程度也就越高。这是因为技术的程序性较高时，一切都可以按照程序办事。

专业人员、产业类型都与技术的程序化和组织的正式化的程度有关。即使在组织中雇用了很多专业人员。技术的程序性很高，正式化的程度也不一定很高。在产业类型中，服务业的影响最大，其次是零售业和批发业，制造业最弱。

2. 技术的程序性影响控制方式和结构

伯顿和奥比尔指出，技术的程序性对组织的控制范围和结构有影响，具体说有以下几种情况。

（1）技术的程序性影响控制的范围。如果技术是程序性的，组织的控制范围就比较大；如果技术是非程序性的，组织的控制范围就小一些。

（2）技术的程序性影响结构。如果技术是程序性的，功能型结构就无效；如果技术是非程序性的，科层制就无效。

（二）组织的规模和技术的程序性对组织的复杂性以及控制和协调方式的影响

伯顿和奥比尔指出，当组织的规模和技术的程序性两个变量同时作用时，这两个变量的特点不同，组织的复杂性以及控制和协调的方式也不同。

从组织的复杂性来看。如果组织规模大并且技术是程序化的，组织的复杂性就大，特别是在横向差异方面。如果组织规模大并且没有技术的程序性，组织的复杂性就大，特别是在纵向差异方面。

从协调和控制方式来看。如果组织的规模不小并且技术是程序性的，就可以通过规则、计划、少量的信息和简单的媒体来协调和控制。如果组织的规模不大并且技术是非程序性的，就可以通过小组会议、使用大量的信息和多样化的媒体来协调和控制。

（三）技术的惯例和规模影响组织的集中程度

伯顿和奥伯尔认为，技术的惯例和组织的规模影响组织的集中程度。如果技术的惯例较高并且组织的规模较小，就需要高度集中的组织；如果技术的惯例高并且组织的规模较大，就需要中等程度集中的组织。

第四节　从环境、技术的变化看机械结构与有机结构

英国的汤姆·伯恩斯（Tom Burns）和斯托克（G.M.Stalker）在伦敦塔维斯托克学院研究了技术系统和社会系统的关系，从技术、环境、社会三者的统一研究组织结构。他们于1961年提出了组织的机械系统模型和有机系统模型并指出了各自的特点。[1]他们认为，组织结构的变化，不仅是技术层面的问题，也涉及环境、心理和社会层面的问题。他们通过对20家工厂的研究，指出了从稳定的技术和环境向技术变化较快的电子领域的变化过程中组织结构的变化，也指出了转入电子企业的一些公司在从机械系统向有机系统转型过程中所遇到的问题。他们认为，长期习惯于机械系统的人们在面对变化性、结构不明显的有机组织结构时会感到不适应，这就需要调整人们的心态。

一、从稳定的环境和技术向变化的环境和技术转变的四种企业

伯恩斯和斯托克研究了人造纤维工厂、开关装置企业、广播电视企业和电子公司四种企业，这四种企业反映了从稳定的环境和技术向动荡的环境和迅速变化的技术变化的过程，这一过程也是从机械组织向有机组织的变化过程。

（一）比较稳定的环境和程序化的技术

人造纤维工厂所面临的环境是相对稳定的，所使用的技术是程序化的，企业运作的方式是比较规范的，规定是明确的，成员都要遵守这些规定。在相对稳定的环境中，人造纤维工厂按照这种机械组织系统的模式来运行获得了成功。

（二）比较动荡的环境和需要适应变化的技术

开关装置企业所面临的环境是比较动荡的，产品的设计和营销都要适应环境的变化，技术的改进对产品起着重要的作用。机械系统已不再能够适应这种变化，因此，开关装置企业采取了较为有机的组织系统。

（三）较不稳定的环境和不断改进的技术

在电子收音机和电视机制造公司，需要不断改进技术以适应日益变化的市场需求。面对技术和环境的不稳定，机械系统就更不能适应这种变化，这些公司采

---

[1] Tom Burns，G.M.Stalker，*Mechanistic and Organic Sytems*，转引自 Jay M. Shafritz，J.Stever Ott，*Classics of Organization Theory*. Third Edition，Brooks Cole Publishing Company，1992，pp.207-211.

取了更有机的组织系统。

（四）更不稳定的环境与更新较快的新技术

电子产业是新的产业，技术更新更快，竞争更为激烈，环境更不稳定，企业需要不断增加创新能力。机械组织系统已经完全不能适应这种变化，电子企业采取了完全有机的组织系统。这种系统完全根据技术和任务的变化，采取灵活的方式，形成了团队合作的、创新的组织模式。

二、机械系统的特点

伯恩斯和斯托克认为，在技术比较简单、环境比较稳定的情况下，可以采取刚性的、缺少参与的机械系统组织模型，其主要特点如下。

（1）组织有一个整体的任务，每个个体的任务、分工和责任是明确的，每个个体都只是追求个体目标，完成自身任务，对组织的任务和目标不太关心。

（2）组织对组织中每个角色的权利和义务、组织内部每个功能单位及其相互关系都有明确的、详细的规定或约束。

（3）组织中存在严格的、明晰的、固定的等级结构。组织是通过这种严密的结构来保证任务的完成。组织也是通过科层结构和正式的原则对组织进行控制和调节。控制过程是按照上级指令进行的，由上级进行决策。交流通道是垂直的，要求成员忠实地履行工作职责和服从上级。

三、有机系统的特点

伯恩斯和斯托克认为，在技术比较复杂和不断变化、组织环境急速变化、存在多样和不断变化的组织目标以及创造性的组织活动的情况下，可以采取有机的组织系统。在这些变化的条件下会不断产生新问题和出现不可测的结果，仅靠机械系统不能解决这些问题，这时，就需要采用有机的组织形式。这种组织是柔性的、参与性的、由工作人员与工作的位置和关系来确定的。其主要特点如下。

（1）组织目标是多样的、变化的，任务是个体性的和变化的，是在与其他任务的相互作用的过程中进行调整和不断确定的。成员的现状角色不明确，个体是为实现组织的整体目标服务的。

（2）在变化的环境下，要求组织成员能够不断自主地解决现实问题。它对责任有明确的规定，出问题后有人担责。比起机械系统来，有机系统更重视对组织的责任和投入，重视对完成任务的承诺和掌握实际的技术，认为这比对工作的忠诚和对上级的服从有更高的价值。

（3）组织结构是灵活、有机、开放的，是在不断地适应技术和环境的变化中形成的，是在完成任务和解决实际问题的过程中形成的。任务也不是完全由上级下达的，而是随时产生和变化的，任务的完成和对问题的解决也是因时因地变化的。

（4）组织的交流和沟通是网络式、横向的，不同等级的人们之间的关系是咨询式的，不是命令式的。交流的内容是提供信息和咨询，不是指令和决定。

（5）组织的协作是由组织内部所产生出共同的价值观和目标进行的，这种协作可以使组织成员进行有效的合作和共同完成组织的任务，从而克服机械系统的缺陷。组织虽然有层级，但这种层级结构不同于机械系统。机械系统的层级命令系统保证了合作和完成任务，但导致个体缺乏意义和重要性，而有机系统则不然。

（6）组织的控制不是通过科层结构而是通过网络结构进行控制的。上下级关系也不是纯粹的等级关系，权力和影响不是由等级职位决定的，而是基于技术、知识和能力。

有机系统和机械系统各有自己的特点，在不同条件下各有其作用和适用范围。如机械系统有明确的层级结构，通过等级结构和制度进行控制和协调。有机系统没有固定的职位和明确的层级结构，体现了动态性的、职能之间的交互作用，具有较大的灵活性。这两种形式不能互相替代，各有其适应的范围。机械结构可以适合完成某些任务，有机结构也不能适合所有的组织类型。在实际的组织中，有机结构和机械结构也不是截然分明的。机械结构和有机结构是组织形式连续体的两个极端。在许多组织中，有的部分采取有机结构，而有的部分则采取机械结构。如在组织中的研究和计划部门，一般是采取有机结构，而其他部门则采取机械结构。

四、机械系统和有机系统的比较

机械系统和有机系统的不同表现有多个方面，下面从专业化、标准化、成员的调整、冲突的解决、权威控制和交流模式、上级权能的焦点、相互作用、交流的内容、忠诚、尊严几个方面进行比较（见表3-1）。

表3-1　机械系统和有机系统的比较❶

内容	机械系统	有机系统
专业化	高的、很多的和明显的区别	低的、没有明显的边界，相对的几乎是没有差别的工作
标准化	高的、被清楚地说明了的方法	低的，个人决定自己的方法
成员的调整	手段	目标
冲突的解决	通过上级	相互作用
权威控制和交流模式	建立在暗含的契约关系基础上的等级	建立在共同承诺基础上的广阔的网络
上级权能的焦点	在组织的顶端	在任何地方都有技能和权能
相互作用	垂直的	侧向的
交流的内容	指导、命令	劝说、通知
忠诚	对组织	对计划和小组
尊严	来自组织的位置	来自个人的贡献

五、稳定的机械结构和适应性的有机结构在组织上的特点

卡斯特和罗森茨韦克认为，组织越来越趋于适应性有机结构模式。他们从多方面分析了稳定的机械结构和适应性有机结构在组织上的特点（如表3-2所示）。

表3-2　稳定的机械结构和适应性的有机结构在组织上的特点❷

内容	结构类型	
	稳定/机械式	适应/有机式
对环境的开放性	比较封闭，尽量减少环境的影响和降低环境的不稳定性	比较开放，组织设计尽可能地能够承受环境的影响和应对不确定性

---

❶　Laurie J. Mullins, *Management and Organizational Behaviour*, Second Edition, Pitman Publishing,1989, p.156.

❷　[美] 弗里蒙特·E.卡斯特、詹姆斯·E.罗森茨韦克：《组织与管理》，李柱流等译，中国社会科学出版社1985年版，pp.265-266.

内容	结构类型	
	稳定/机械式	适应/有机式
活动的正规化	在结构的基础上具有更多的正规性	在结构的基础上具有较少的正规性
活动的差异化和专业化	明确的、相互孤立的职能和部门	通常或有时是重叠的
协调	通过等级结构和明确的程序进行协调	通过多种方法和人们之间的相互作用进行协调
权力结构	集中的、等级的	分散的、多样化的
权力来源	职位	知识和专业特长
职责	由具体职位或角色来承担	由很多成员来分担
任务、作用和职能	在组织图表、职位说明和其他文件中有明确严格的规定	由具体情况和彼此期望等因素决定，是不是严格的。
交互作用与影响的形态	上级→下级	上级⇄下级横向与斜向的关系
程序与规则	很多、具体的、成文的、规范的	很少、一般的、不成文的、非规范的
层次等级（权力、地位、薪酬）	不同等级层次中差异较大	不同等级层次中差异较小
决策制定	集权的并且集中于高层的	分权的并且分散在整个组织中
结构形式的持久性	比较固定不变	不断地随环境和情形变化

第五节　从专业化、整合和任务的特点看生产性与功能性组织

古典组织理论家从技术的专业化、效益的最大化和最优化的标准来设计组织结构。主要考虑的是如何能够最大限度地利用专业技术技能、利用机器设备、有效地对管理层进行控制和协调。如果按这种标准来设计组织结构，就很难兼顾效率和协调的关系。以专业化功能划分组织，有利于提高效率，但协调和整合起来就比较困难；以产品划分组织，虽然有利于专业人员的协调，但又降低了后

者对自己功能角色的认同感。亚瑟·沃克尔（Arthur H.Walker）和杰伊·劳伦斯（Jay W. Lorsch）于1968年提出在组织设计中看到人的作用。具体设计时就要考虑到组织的任务、专业化和整合之间的关系，实现专业化和整合的机制和行为方式。在这些因素中，最重要的是要考虑组织任务的特点。

一、专业化与整合

从人的角度来看，专业化是技术、社会和心理层面三者的统一。专业人员不仅是具有技术的人，也是有社会性和心理活动的人。专业化本来是指按照相似的活动、技能和设备进行分组，这是专业化的技术层面。但专业化不是抽象的、单一的技术层面的专业化，而是具有社会性和心理活动的人的专业化。在社会层面和心理层面的专业化是指专业技术人员由于教育、环境和工作性质的不同，在完成工作任务时所具有的不同的观念、心理特征和行为方式。只看到技术层面的专业化是不够的，应该特别关注心理层面和社会层面上的差异。

整合是在专业化的单位或个体之间进行有效的协作或协调。沃克尔和劳伦斯认为，由于专业化的差异，要完成特定的任务就需要在专业化的单位或个体之间进行有效的协作或协调，这可以称之为整合。专业化的差异包括技术、心理和社会三个层面，整合也包括技术、心理和社会层面的整合，这样的整合就比较复杂。专业化与整合之间是密切相关的，它们之间存在着反比例关系。专业人员在思维方式和行为方式上的差异越大，就越难进行协调和整合。沃克尔和劳伦斯认为，专业化和整合是组织运行的基本条件，同时实现专业化和整合只是可能，要真正实现两者的结合就需要特定的机制。只有在组织内专业人员之间可以有效地交流并当专家能够有效地解决不可避免的跨功能的冲突时，这种专业化和整合才能完成。选择生产性组织或是功能性组织是由多种因素决定的，例如能否有效地实施专业化的职能，能否有效地进行整合，能否使组织成员有效地沟通和很好地协调。关键在于任务的情况、专业人员的差异和整合的情况，在于把任务、专业化与整合有机地结合起来。

二、生产性组织的选择和特点

沃克尔和劳伦斯指出："按照生产来设计组织，就是把生产一个产品的但具有不同功能的专业人员分成一组，由相同的上级来管理。❶如果组织的任务是具体的、非常规的，就要以产品为基础，采取生产性组织。这种组织的特点是：（1）专业差异较大。这种组织需要多种专业人员，这些专业人员差异较大。（2）协调和整合的程度较大。由于专业人员差异较大，需要对这些不同的专业人员进行高度的协调和整合。（3）需要认同和有效沟通。由于存在差异性，就需要单位内部的成员都能够认同其产品，成员之间可以面对面地进行有效的沟通和协调。（4）有了矛盾可以由共同的上司来处理。

三、功能性组织的选择和特点

沃克尔和劳伦斯指出："按照功能设计组织，就是不管从事生产的差异而把所有执行特定功能的专业人员分成一组，在一个共同的老板管理之下进行工作"❷。采取这种组织形式也是由任务的特点决定的。遇到常规性和重要任务时可采取功能性的组织。功能性组织的特点是：（1）专业化差异不大。专业化方面的差异不是很大，但有益于目标导向上的分工，专业人员可以有效地进行工作。（2）通过计划整合和科层体系实现目标所需的整合。在常规任务中，他们认为可以通过计划对组织进行整合，通过科层体系来实现一定组织目标所需的整合。（3）相近专业人员和相似工作性质的整合。功能单位也可以通过专业和其他方面相近的专业人员、性质相近的工作进行整合。（4）通过层级组织协调矛盾。

四、生产性组织与功能性组织结合的选择和特点

沃克尔和劳伦斯指出：如果常规性任务和非常规性任务、独立完成的任务和协作完成的任务同时存在，就需要把生产性组织和功能性组织结合起来。如跨功能团队、专职协调员、矩阵结构都是这种组织形式。这种组织既保持了生产性和功能性组织各自的特点，也对生产和功能进行了整合，综合了两个方面的优势，解决了生产与功能、专业化和整合的关系。（1）跨功能的团队使功能单位之间能够有效地进行沟通，提供了解决问题的机会。既保持了功能性组织所提供的专业化的差异性，也对生产性目标有某种程度的认同感。（2）专职协调员。

---

❶ Arthur H.Walker, Jay W. Lorsch, Organizational Choice: Product vs. Function，*Harvard Business Review*，(*November，1968*)，http://hbr.org/1968/11/organizational-choice-product-vs-function/ar/1.

❷ 同上。

（3）矩阵结构。一些管理人员起着功能性组织的作用，负责处理常规性问题，认同功能性的目标；另一些管理人员起着生产性组织的作用，主要处理具体问题，认同生产目标。但具体问题也涉及常规性和重要性的问题，需要实现跨功能的整合。

五、生产性和功能性组织的比较

沃克尔和劳伦斯认为，生产性组织和功能性组织是两种不同类型的组织。他们分别从不同维度进行了比较（见表3-3）。

表3-3　功能性组织和生产性组织的比较❶

比较的维度	功能性组织	生产性组织
目标定向	差异大、集中	差异小、分散
时间定向	差异小、时间短	差异大、时间短
结构的规范性	差异小、更正规	差异大，不太正规
差异	除了目标的定向外差异很少	在结构和时间定向存在较大差异
整合	有时很少有效	更有效
冲突管理	面对但以圆滑的方式结束和避免，相当受限制的交流模式	冲突的对抗，开放的、面对面的交流
有效性	有效、稳定的生产但在改善计划能力方面很少成功	在改善计划能力方面是成功的，但在稳定生产方面有效性差
雇员的态度	有满足感，但没有压力和介入感	普遍有压力和介入感，但很少有满足感

第六节　从社会层面和心理层面看正式组织和非正式组织

传统的组织研究比较重视组织的正式结构，对非正式结构重视不够。组织行为的研究者开始关注非正式组织，认为非正式组织是存在的，并且对组织和管理具有重要的作用。彼得·布劳（Peter M. Blau）和理查德·斯格特（W.Richard Scott）从组织的社会层面和心理层面研究组织结构，于1962年指出正式结构和非正式结构不是两种不同的组织实体，而是两种不同的组织结构，它们是共存的。如果不了解组织内的非正式关系和非正式行为准则，就无法真正地理解正式组织。从组织形态看，所有的组织都包括正式组织和非正式组织两种成分。在一个正式组织内，其正

---

❶　Arthur H.Walker, Jay W. Lorsch, Organizational Choice: Product vs. Function，*Harvard Business Review*, (*November，1968*)，http://hbr.org/1968/11/organizational-choice-product-vs-function/ar/1.

式要素和非正式的要素是相互交织的，适合不同的环境和任务。

一、正式组织体现了组织的社会层面

布劳和斯格特指出，正式组织是经过筹划而建立的，它要体现特定的组织目标，并把这种目标以结构化的方式表现出来。

（一）社会组织是自发形成的

布劳和斯格特指出："社会组织是人的行为在社会条件的影响下组织化的方式。"[1]从影响人类行为的社会条件可以看到社会组织形成的过程，影响人类行为的社会条件包括下面两个基本的方面。（1）团体或者是大的集体中的社会关系结构。社会关系包括人们之间的交往方式关系、情感关系、社会关系中规定的地位和关系。（2）把集体成员团结起来和指导其行为的共同信念和价值取向。它包括3个方面：①共同的目标和价值取向。②在一定价值取向指导下的行为准则。③对社会位置的角色期望。社会关系网络结构和共同的价值取向可以称为社会结构和文化。社会有其复杂的结构和文化，社会内部的每一个团体也都具有这样的特征。社会的结构和文化可以使集体中人的行为"组织化"，从而形成了社会组织。

（二）正式组织是为一定的目标而自觉建立起来的结构和文化

社会组织是自发的，正式组织是自觉建立起来的社会结构和文化。布劳和斯格特指出，正式组织是"为一定目标而有意识地建立起来的"。[2]人们要实现一定的目标，就要进行集体行动，就需要通过组织的建立来协调不同成员之间的活动，使这些成员的创造力达到最大限度的发挥。这样，组织要实现的目标、成员的价值取向、需要遵守的规则、成员位置的安排都不是在社会的互动中自发形成的，而是有意识的、预先设定的。

（三）正式组织是对组织进行明确决策的结果，以组织图表的形式表现出来

正式组织是为实现特定的组织目标而设计的，是经过严格的决策产生的。它以组织图表的形式表现出来，刻画了组织的总体架构和各部分之间的关系，确定

---

[1] Peter M.Blau，W.Richard Scott, *The Concept of Formal Organization*，转引自Jay M.Shafritz, J.Stever Ott，*Classics of Organization Theory*. Third Edition，Brooks Cole Publishing Company，1992，p.212.

[2] Ibid，p.214.

了组织的法定职责。

二、非正式组织体现了组织的心理层面

布劳和斯格特指出，非正式组织也是组织的重要组成部分，它是在系统中没有经过明确规定的、在组织成员相互活动的过程中并非自觉产生的。非正式组织的主要特点如下。

（一）非正式组织具有自发性

尽管组织是有目的、有意识地正式建立起来的，组织中存在既定的结构和操作程序，但组织中成员的行为并不总是按照既定目的和程序进行，在正式组织的内部还存在着非正式的组织形式。

（二）非正式组织有独特的价值标准、行为准则和社会关系

非正式组织也具有自己独特的价值标准、行为准则和社会关系。

三、正式组织与非正式组织各自的优势

非正式组织与正式组织的区别是相对的，它不是独立于正式组织之外的。正式组织和非正式组织不是两个独立的组织形态，而是同一组织中的两种特征。正式组织和非正式组织是交织在一起的。非正式组织是从正式组织中演化出来的非正式结构，不包括家庭或社区等组织。

（一）正式组织适合多元的群体去完成复杂的任务，非正式组织适合完成具体的任务

在多元、复杂的群体的组织去完成共同的任务时，就需要有详细的规定和制度结构，否则是不可能完成的。而正式组织是一种正式化的结构，具有制度和规则，有利于协调不同的群体去完成共同的任务。

在完成具体任务、解决具体问题时，非正式组织就有其独特的优势。由于正式组织的结构是刚性的、正规的，正式组织的规则又要具备适应各种不同的情况的普适性。但在实际中，问题是很具体的，用一般规则很难解决这些具体问题。非正式组织是柔性的、灵活的、弹性的、非正规的，在解决具体问题时就可以显示出它的优势来。面对具体问题，组织中的群体往往会自发地形成一些具体的、可操作的方法，这些方法对于解决具体问题是有效的。

（二）正式组织适合稳定的环境，非正式组织适合变化的环境

正式组织中形成的制度和结构具有一定的普适性和稳定性，可以适应比较稳定的环境。在环境相对稳定的条件下，正式组织可以发挥自己的优势。

正式组织是刚性的，比较适应稳定的条件和环境。在变化的、不稳定的环境中，仅靠正式组织、正式的规则无法解决由此所带来的问题。非正式组织具有灵活性，更适应变化的环境。特别是当正式组织不能够对组织环境及时做出正确的反应时，非正式组织就可以灵活、及时地应对和解决这些问题。同时，非正式组织也可以利用环境所提供的各种机会。

四、正式组织和非正式组织特点的比较

正式组织和非正式组织有着密切的关系，但在结构、目标、交流方式等方面都是不同的，由表3-4可以看出它们之间的不同。

表3-4 正式组织和非正式组织的比较[1]

特点		正式组织	非正式组织
结构	起因	有计划的	自发的
	合理性	合理的	情绪的
	特征	稳定的	动态的
位置的界定		工作	角色
目标		对社会有利的或服务于社会的	成员的满意
影响	基础	位置	个性
	类型	权威	权力
	信息通道	从上到下	从下到上
	控制机制	解雇或降级的威胁	物质或社会的制裁
交流	信息通道	正式渠道	小道消息
	网络	确定的正规渠道	不确定的、中断的、跨越正规渠道的
	速度	慢	快
	准确性	高	低
	组织的计划	组织图表	社会学的
其他特点	所包括的个体	工作小组中所有成员	只有那些可接受的
	个人间的关系	由工作所预先描述的	自发产生的
	领导的角色	由组织所安排	成员协议的结果
	相互作用的基础	功能性的责任或者位置	个人特点、伦理背景、地位
	归属感的基础	忠诚	内聚力

---

❶ Laurie J Mullins，*Management and Organizational Behaviour*，Second Edition，Pitman Publishing，1989，p.61.

第七节　矩阵结构的特征及其变量因素

传统的组织结构只是满足某一方面的要求，矩阵组织作为一种复杂的组织结构，可以满足双重的要求，它最早出现在航天工业中。在航天工业中，由于任务的巨大性、复杂性、重要性、变化性和应急性，需要把技术与顾客、集中与分散、生产与功能有效地统一起来，要满足这些需要，就需要矩阵组织。矩阵组织在使组织在系统的基础上取得一致性方面是有效的。斯坦利·戴维斯（Stanley M.Davis）和保尔·劳伦斯（Paul R.Lawrence.）于1977年分析了矩阵组织产生的原因、特征和作用。

一、影响矩阵式结构的变量因素

戴维斯和劳伦斯认为，矩阵组织是把任务、信息、环境等变量因素综合起来，把双重功能整合起来的新的组织结构。

（一）任务的双重性决定了组织对生产与功能、顾客与技术的整合

在航天产业中，企业不仅要关注复杂的技术问题，还要满足顾客的特殊要求；既有功能型的组织管理方式，也有按任务和顾客要求的组织管理方式；既有项目导向的管理人员，也有专业技术导向的管理人员；这就需要在它们之间形成一种权力的平衡。任务的双重性决定了组织形式具有双重的命令结构，这种结构中的两个经理尽管目标和行为指向不同，但拥有同等的权力。

（二）超量的、不确定的信息要求组织成员共同分享和处理信息

传统的组织处理和交流信息的方式是内部协调。（1）通过金字塔式的上下沟通，节约交流成本。（2）通过规则、工作定位、标准操作程序、计划和预算等方式协调组织成员的行动。

在信息比较确定、信息量不大的情况下，上述方法可以有效地进行运作。在信息超负荷时，组织要处理批量的、不确定的、复杂的信息，仅靠内部协调就不够了，需要建立成员间相互协作共同处理信息的复杂的交流与决策网络。在这种交流网络中，成员之间的依赖程度加大，需要人们分享信息，分担信息，相互交流，取得共识。这也就需要提出解决问题的方案。组织既要通过内部协调处理信息，也需要横向网络处理信息，既需要成员和管理者独立思考和处理问题，也需要成员和管理者共同来思考和处理组织问题，矩阵式的组织结构就有助于解决这

些问题。

（三）扩大经济规模要求矩阵结构

为了适应环境的变化，组织需要扩大组织规模，由此来追求较高的效益。这就需要组织能够灵活、高效地利用现有各种组织资源，对组织内部人员进行灵活配置和多向重组。组织既需要结构的创新，也需要保留原有组织的优势，矩阵式组织可以把这两个方面有机地统一起来，使之兼有二者的优势。

戴维斯和劳伦斯认为，在只存在一种或两种变量的情况下，通过传统的组织结构就可以解决问题。只有同时存在双重任务、信息量大、增加经济规模等多种要求时才采取矩阵结构。在这种情况下，可以设置高层管理组，代表双重的需要，及时做出高质量的决策。

二、矩阵组织的特征

矩阵组织是一种多重指挥结构，也是纵横统一的结构。在传统的组织中，任务、部门、工作目标、权力关系都是非常清晰的，它以权力和信息的纵向通道和统一指挥为特征。矩阵组织与传统的组织不同。它实现了从统一指挥向多重指挥的结构转变，从权力和信息的纵向通道向权力和信息的纵向和横向通道同时作用转变。它是一种多重指挥结构，也是纵横统一的结构。纵向通道主要是指职能部门，横向通道是指地域、区域或项目组。它把职能和产品这两个既相互联系又相互竞争的方面统一起来。它们之间虽然存在冲突，但各自都有其存在的合理性。

三、矩阵组织的优势

戴维斯和劳伦斯认为，矩阵组织具有下面的优势。

（一）同时满足双重的要求

1.同时满足对技术和产出的要求

（1）它为技术人员和雇员建立一种专业化的职能部门，从而可以有效地发挥技术和雇员的作用。（2）它建立了一个以协调计划、工程和产出为基础的部门，从而有效地协调产出方面的问题。

2.同时满足生产和功能的要求

（1）产出和功能可以相互配合。当产出方面的任务发生变化时，功能的资源也随之进行重新配置。（2）当双方出现矛盾时，可以兼顾各方的利益，由双方协商解决。

（二）同时发挥双重的作用

1.同时发挥职能经理和协调经理的作用

矩阵组织是一种双重的权力和职责。职能经理的权力和责任主要在于管理技术领域方面，协调经理主要是协调计划、任务、产出等方面，对这些方面的管理具有权力。在这种结构中，职能经理和协调经理可以同时发挥作用。

2.有利于获得双重资源和充分发挥经理的双重功能

经理可以获得双重资源，从而有利于任务的完成。（1）经理一方面从产出面的上级明确工作目标，得到财政支持；另一方面通过与资源配置的经理谈判，获得设备资源和人力资源。（2）经理也可以发挥总经理的作用。总经理是从组织的全局出发，处理信息，权衡利弊，统筹安排，考虑组织的整体利益。在矩阵组织中，经理兼有双重的职责。一方面，他们要做好本职的工作。另一方面，在矩阵组织中也需要像总经理一样统筹协调组织的整体利益。

（三）有利于加快人员的配置和降低配置成本

传统组织在人员配置方面是比较缓慢的，再加上不断地调换工作也不利于工作业绩的积累，因此人员调换比较困难。矩阵组织可以使负责资源配置的专业人员迅速地协调负责产出的管理者，专业人员可以在不改变单位的条件下进行多次协作，也可以缓解甚至降低人员重新配置的成本。

矩阵组织最早出现在航天领域，现在许多公司都采用矩阵组织形式，特别是在开发、制造和销售具有多样化和相关性的技术性产品的公司中可以采用这种结构。如有的公司在一般的职能机构的基础上又重新设置了以任务、项目为基础的小组，这些小组负责新技术、新产品的研发。在保持基本职能稳定的条件下，利用小组的方式可以使组织在面对变化的环境时具有灵活性、应变性和创造性。如在大学中，在保持基本结构的基础上，组建了跨学科的小组和单位，这就有利于大学的适应性和应变性。

第八节　从协调、控制和环境看组织立体结构的形成、特征和作用

组织结构是不断演化的。布劳等提出过正式结构和非正式结构，汤普森把组织划分为技术内核（相当于操作层）和一组与环境相联络的单位群。汤普森还提出了合并式、序列、交互式搭配3种组织内工作的搭配方式。明茨伯格（Henry Mintzberg）于1983年在综合多种组织结构的基础上，提出了由五个部分组成的组织结构。它包括操作内核、战略顶层、中间层、技术结构和协同单位。这五个部分也可以分为操作层、中间层、顶层三层基本的结构，中间层也可以包括技术结构和协同单位。这种由五个部分组成的立体结构从本质上来看是由协调、控制和环境因素所决定的。

一、控制、协调和环境与立体结构的形成

明茨伯格认为组织立体结构的形成是一个过程，这个过程与控制、协调和环境因素是密切相关的。

（一）操作者与管理者一体

操作层在简单的组织中就已经存在了。最简单的组织是"依靠相互协调来协调生产或服务的基本工作的，而操作者也就是那些完成基本任务的人们"。 ❶这些人可以自己完成工作，不需要专门的管理者。

（二）组织中的第一次分工：劳动者和监督者的分离

当组织扩张并采用更复杂的劳动分工时，直接监督的需要日益增加，经理的精力也要用于协调各操作者的工作。这时出现了操作者之间的分工，也出现了劳动者和监督者之间的分工。这是组织内部的第一次劳动和管理的分工，这次分工在一定程度上使对工作控制的权力从下级操作人员转向经理。

（三）科层管理体系的出现：经理与经理的分离

一般的组织都有操作人员和顶层经理，但当组织扩张时，由上层经理进行的直接监督变得日益困难，就出现了中层经理，这样就形成了管理的科层结构和体系。

---

❶ Henry Mintzberg, *The Structure of Organization*，1979，Prentice-Hall,Inc,Englewood Cliffs，p.18.

（四）组织的第二次分工：经理与专业技术人员的分离

随着组织的进一步发展，需要采取标准化的调节方式，标准化的任务则是由专业分析人员来完成的。（1）负责生产过程标准化的专业技术人员，如生产分析专家和产业工程师。（2）负责产出的标准化的专业技术人员，如质量控制工程师、会计、生产计划者等。（3）负责成员技能标准化的专业技术人员，如人事培训人员。这些专业分析人员使组织内出现了第二次管理的分工，这次分工又把设计组织系统的责任由经理转向了专业分析人员，也使经理的工作制度化。

（五）组织的核心与边界的分离

这种分离是由环境的变化引起的。组织在发展过程中，需要与环境发生关系。环境在变化，组织就需要有独立的部分来适应这些变化。组织通过把其技术内核与环境割裂开来减少不确定性，处于边界上的组织单位则增加了组织与环境的交流。如研究与开发部门与技术环境的交流，公共关系部门有利于创造好的社会氛围等，组织的协同部分中的一部分也是为适应组织环境的变化而设的。

二、立体结构的特征和作用

明茨伯格指出，组织结构是由五个基本的部分组成：操作内核、战略顶层、中间层、技术结构和协同单位（见图3-6）。他们具有协调、控制和处理组织与环境关系的作用。

图3-1 组织的五个部分❶

（一）操作内核

明茨伯格指出，操作内核是指"那些直接从事产品和劳务生产的基层操作人员"。操作人员主要是从事组织的基础性工作的人员，包括直接从事产品和劳务生产的基层操作人员。其主要作用有以下几点。

（1）供给。保证生产投入品的供给。

---

❶ Henry Mintzberg，*The Structure of Organization*，1979，Prentice-Hall, Inc, Englewood Cliffs，p.20.

（2）生产。实现从投入到产出的转化，如原料加工、零件组装等。

（3）销售。

（4）为供给、生产和销售提供直接服务，如维修机器、储存原材料等。

操作内核是组织的心脏，它的标准化程度最高，对组织的生存和产出有着重要的作用。

（二）战略顶层

明茨伯格指出，战略顶层居于组织中的最高层。主要由负有总体责任的管理者、为高层经理提供直接支持的人员如秘书、助理等组成。战略顶层有时是一个执行委员会，有时则是由2~3个成员组成的行政办公室，其主要职责有以下几点。

（1）通过资源配置、发布信息和指令、实行奖惩等方式进行控制和协调，与中层经理共同完成监督和协调工作，确保组织在整体上能够有效运作。

（2）通过向外部发布信息、与外界联络、对环境条件施加影响方式对影响组织发展有关的外部环境因素进行控制和协调。

（3）通过设计发展战略进行控制和协调。包括目标战略、执行直接监督时需要的战略。战略顶层具有工作的抽象性、任务的重复性少、标准化程度低、决策时间长的特点。

（三）中间层

明茨伯格指出中间层处于战略顶层和操作内核之间，其主要作用有以下几点。

（1）通过传递命令进行直接控制。命令的传达是从上到下直线传达的。顶层把命令下达到中间层，通过中间层再下达到操作内核，这种从上到下的命令传递机制也是一种直接监督机制。军队的命令就是从上到下的层层单线传递，而在一般组织中的上下级关系并不像这样简单，有时是交叉重叠的。

（2）直接监督。处于中间层的中层管理者也实施直接监督。在小组织中一般不需要中间层。有一个经理监督，有上下两个管理层就够了。在大组织中，一个监督者的精力和控制范围是有限的，组织需要多个层级。在这个多层次的科层体系中，中层管理者就可以实施直接监督和指导，起着沟通和联系上下层关系的作用，从下面收集信息，向上级汇报，向下级发布信息和公布计划，分配资源等。

（3）处理与环境的关系和做好协同工作。首先，处理组织与环境的关系。中层管理者负责处理好组织与环境的关系。这些环境包括外部环境、组织内的不同单位等。其次，做好协同工作。中层经理也需要与其他经理、专业分析人员、协同职员及组织外部有关人员密切联系，协同工作。中层管理者的责任和任务与战略顶层的管理者的职责和任务有一定的共同性，但中层管理者管理的范围是有限的，也比高层更具体一些。但越到下层，管理就越具体、详细、明确。管理的层次越低，决策越频繁，决策的时间也越短，决策越要明确。

（四）技术结构

技术结构主要是由专业人员构成的。专业人员包括：设计和调整组织运行的专家；对工作流程实施标准化的专家；计划和控制专家；劳动人事专家等。组织越标准化，就越依赖其技术结构。标准化减少了直接监督，使职员能完成过去由经理们完成的工作。在技术结构中，技术人员在不同层级起着不同的作用。专业人员的主要作用有以下几点。

（1）控制作用。通过标准化和战略进行控制。如在制造业厂商的基层管理中，专业分析人员可以通过制订生产计划、安置质量控制系统等方式把工作程序标准化。在中间层和战略顶层，专业人员可以通过设计战略计划系统和融资系统来控制主要单位的目标。

（2）影响作用。专业人员可以为操作内核设计、计划和改变工作流程，帮助培训操作人员。技术结构不是孤立存在的，只有在能有效地运用其他工具使其他人更有效地工作时才有存在的必要。

（3）协调作用。专业分析人员不仅具有控制、规范和影响的作用，也需要与他人相互协调来完成工作。

（五）协同单位

大组织中存在许多协同单位，组织的不同层级也存在协同单位。协同人员是在操作内核之外为组织提供服务的单位中的人员。协同单位和协同人员主要起着辅助、协同和服务的作用。

（1）专业化的辅助作用。这些单位是专业化的单位，单位的成员是辅助的职员，他们起着辅助作用。

（2）服务和协同作用。在不同层级结构中，都存在协同单位和协同人员，他们都起着服务和协同作用。以制造业厂商为例，在顶层，公共关系和法律咨询部门是协同单位，直接为战略层服务。在中层，从事产业关系、定价和研究与开发活动的单位是协同单位，这些单位的人员是辅助的管理人员和参与决策的协同人员。在操作内核，餐厅、邮政办公室、招待所等是协同部门，这些工作人员就是为一线人员服务的协同人员。

第九节　从任务和人性看组织的层级结构

关于层级制的积极作用和负面影响有很多争论。有人认为层级太多会导致信息和决策出现问题，有人认为层级制会产生办事效率低下，导致官僚主义等一些问题。层级制的存在究竟有没有合理性？针对这些问题，埃利特·贾克斯（Elliott Jaques）于1990年指出，层级制的存在是有其合理性的，在现代社会中仍然有价值。反对层级制的观点是因为没有完全真正理解科层制的本质和人性。

一、从任务和人性与组织要求的一致性来看等级制存在的必然性

贾克斯认为，层级制是雇用大量人员、完成重大任务并能够使雇员为所完成的工作负责的组织方式，是大组织所应该采取的主要形式。任何组织都需要雇用人员去完成一定的任务，需要工人对工作有明确的责任。层级制可以使公司雇用大量工人，把许多人联合起来去完成重大任务，并能够保证工人对工作有明确的责任。贾克斯从任务和人性与组织的一致性方面分析了层级制存在的原因。

贾克斯认为，从任务来看，由于任务的复杂程度不同，任务也有不同的级别，这些复杂程度不同的任务之间存在不连续性，这些不连续性把复杂的任务又分为一系列小的步骤。从人的能力来看，人的能力是有差异的，不同能力的人应当在与其能力相适应的位置上；从事工作的人的智力活动和承担责任所持续的时间和幅度都是不连续的。

贾克斯指出，任务和人的特点要求任何组织都需要满足以下基本要求：（1）通过组织运作可以增加工作的价值。（2）在工作价值增加的每个阶段都确定和明确所承担的责任。（3）在组织的不同层次上都配备具有相应能力的人

才。（4）对实现这些目的的管理结构建立一致性和认同感。❶层级制组织则可以满足组织的这些基本要求。

二、从任务、责任和时间看等级制的层次及其变化

贾克斯指出，特定的任务面临着许多复杂的变量。管理层次不同，面临的任务的性质也不同。层级越高，任务就越复杂，涉及的变量因素就越多。高层和低层面临的问题不仅有数量的差异，还有质的区别。在从低层到高层的组织层级变化中，存在可以确定等级制层次性的不连续点，或者是中断点。

（一）组织层级结构与管理的上下级有关

贾克斯指出，管理者的作用和性质说明了组织是有层级的。组织中存在上下级的关系，上下级的关系也是组织的层级结构。组织中上下级关系的划分是由管理者的责任和权威决定的。管理者的责任是：（1）管理者对下属的工作负责，也要对其工作增值负责。（2）管理者有责任保证下属能够持续地完成任务。（3）管理者必须能够发布命令并使下级听从。总之，每个管理者必须对工作和领导地位负责。❷

贾克斯指出，要完成任务，管理者既要承担责任，也要有权威，这些权威表现在：（1）否决那些被经理看成是达不到最低要求的成员的意见。（2）分配工作。（3）进行评估。（4）做出奖惩决定。（5）开除不合格成员。由此可以划分组织的上下级的关系。❸

（二）完成任务的责任和时间决定了管理层级的分界

贾克斯认为，不同管理层次之间的分界点在特定的责任与时间的跨度上。在任何组织角色的责任的层面上，不论是管理者还是个体的参与者都可以用要完成分配给其的任务、计划、目标所需要的时间来测量。要完成任务用的时间越长，承担责任的时间跨度就越大。贾克斯的研究发现了责任和时间的不连续点，这些不连续的点是3个月、1年、2年、10年和20年。这些不连续性的点创造了组织中

---

❶ Elliott Jaques, In Praise Hierarchy, *Harvard Business Review*, (*January*, *1990*), http://hbr.org/1990/01/in-praise-of-hierarchy/ar/1.

❷ 同上。

❸ 同上。

的不同等级结构。等级制要有效地运行，就要区分等级结构和付薪等级。正是责任和时间的跨度决定了组织中需要多少层次和划分层次的分界点，而不是下属的数量或者是销售和利润的数量。

（三）任务的复杂性与能力高低的差异性决定了成员在组织层次中的变化

贾克斯指出，用责任和时间来划分管理的层次性与组织中成员在组织层次中的变化具有一致性。任务的复杂性和完成任务所需的能力要求决定了组织成员在结构中的变化。任务和问题的复杂性和责任与时间跨度一样，存在不连续性的跃迁。在责任时间在从4年半至5年或从9年至10年增加时，相应的组织成员在等级结构的位置中也会升迁。在组织层次中遇到的问题越困难，任务的难度越大，工作起来就越复杂。面对这种情形，上级管理者就比下级具有能力、知识、经验方面的优势，比下级有更丰富的经验和广阔的视野，就能够顺利地完成任务，也有可能使下级的工作增值。也正是由于上一层的管理者管理任务在质上的突然变化，下属也就把组织结构中出现的连续性层次的中断看成是自然的、适合的。

第四章 对组织多元性的研究

传统的观点认为，组织目标是单一的、理性的、实体的。从多元的角度来看，组织的构成是多元的、非理性的、契约的、价值性的。随着组织形态和管理活动的变化，组织目标和组织评价方式也都发生了变化，需要树立多元的观念。组织多元性深化了对组织的认识。

第一节 概述

一、历史背景

（一）系统论为研究组织的多元性提供了条件

系统论对组织的多元性的研究提供了条件，主要表现在两个方面。（1）系统论认为，组织是多种要素构成的有机系统。从这个观点来看，组织是多元的。对组织多元性的研究成为这个时代的焦点之一。（2）系统论把组织看成开放系统，是与环境相互作用的。由于环境的差异，组织参与者具有多元性，这就需要在多元的、内在的组织中进行协商，而不是简单地对本质上是同质的结构进行科层控制。

（二）从多元性认识和评价组织成为这一时期的重点

从多元的观点来看，组织目标不是单一的、理性的实体，而是多元的、非理性的、契约的、具有价值性的。组织的有效性以及对组织的评价也应该是多元的。

（三）用契约的观点研究组织

从契约的观点来看组织，可以把组织看成是一种契约。

二、研究的主要内容

（一）组织的构成

组织的构成不是单一的，而是由多个利益相关者、支持者、参与者等构成的。

（二）组织目标的特点

传统的观点把组织目标看成单一的、理性的、一成不变的，是以经济目标为主的。从多元的观点来看，组织目标是多元的、可变的、非理性的。

（三）组织的有效性及其评价

应该从多元角度对组织的有效性进行评价。应该形成建立在许多目标和优越性基础上的多元性的评价体系，反对以理性目标和系统为基础的评价方式；应当用契约模式来取代实用的、以目标为基础的研究和评价；应该以多元的"利益相关者"自我评价为基础，考虑所有的影响任何社会系统的广泛的力量是如何影响关于组织政策和设计的复杂问题的决策的。

（四）组织的契约性和价值

组织不是实体，也不仅仅是一种契约，而应当包括价值。这就需要研究组织价值和组织有效性的关系问题。组织的有效性应该是广义的，应该和组织的价值是统一的。从多元构成的观点来看，需要重新定义和扩展组织价值的定义。如自愿、正义、公正、权力的分配既是组织的价值，也属于广义组织有效性的内容。只有从这个角度出发，才能对组织做出全面的评价。

三、基本假设

（1）个人和组织的关系不是理性的。①参与者的自我利益是在参与过程中形成的。参与者并不知道个人的自我利益是什么，直到通过参与组织活动之后才知道。②组织是在参与者自我利益得到满足之后形成的。组织不是在自觉的计划指导下形成的，而是在有计划的活动之后才形成的。只有当组织多元支持的多种利益得到满足时，组织才可以作为一个具有其完整特征的独立生存的实体。

（2）组织是满足影响组织和被组织所影响的个人和团体的利益的延伸和手

段，对个人权利和要求的分配过程决定了如何在利益相关者中对组织的资源进行分配。

（3）组织是在支持者之间的相互作用中形成的网络，是持续变化的状态。诸多支持者中的任何一个支持者都有与其他支持者共同的目标，但也有自己独特的目标。组织是相互作用的网络，不断变化着的利益永远会在支持者的联盟中改变权力的平衡。

四、组织的观念和概念

（1）组织是内部和外部利益相关者的集合。

（2）组织是有多元目标的学习和适应的系统。

（3）组织是跨边界的开放的社会网络系统。组织是利益相关者支持的系统，这个系统是跨边界的开放的网络社会系统。

（4）组织是多元支持者之间形成的契约，是人工构建的体系。

（5）组织被看成是由具有自我利益的参与者结成的联盟。

（6）组织是联合体。组织是由单个成员支持的联合体，其中的一部分成员又可支持更小的联合体。联合体是通过协商形成的，是随着条件的改变而变化的。

（7）组织是由不同支持者对有效性做出不同评价的系统。

（8）组织是多个相互影响的环的交接。

第二节　组织是多个成员组成的联合体

传统的理论认为组织就是实现既定目标的系统，组织存在单一的目标，组织的作用是制定目标并付诸实施。博弈论的观点认为，组织目标是通过利益选择次序形成的。里查德·塞尔特（Richard M.Cyert）和詹姆斯·马奇（James G.March）于1959年从行为科学的角度分析了组织目标的形成和变化。他们把组织看成是联合体，组织中有股东、董事会、经理、雇员等许多参与者，每个参与者的目标都对组织目标产生影响。塞尔特和马奇指出，组织目标是参与者在不断学习、协商和适应的过程中形成的，是逐渐地清晰化和不断地修改的。如股东需要获得最大的利润，顾客要求高质量的产品和服务，工人需要增加工资，管理者则是需要权力和树立权威等。总之，组织目标是参与者根据各自的需求通过协商形成的，是通过内部控制机制使目标稳定和清晰化的，也是随着组织成员需求的变化而不断调整的。

一、组织是多个成员通过协商形成的联合体

塞尔特和马奇认为，可以把"组织看成是一个联合体，这个联合体是由个体成员组成的。联合体中的成员可以组成更小的联合体"。❶它包括商业联合体（由经理、工人、股票持有者、供货商、顾客、律师、售货员、税收人员等组成）、国家的联合体（由官员、法官、顾问等组成）、福利联合体（由捐赠者、受赠者、志愿者等组成）。

二、联合体的目标是多个参与者协商确立的

塞尔特和马奇指出，组织是联合体，联合体的目标是多个参与者经过协商确立的。联合体目标的确立与如何处理补贴有密切关系。补贴有金钱、待遇、权力、组织政策等多种形式，联合体要在成员中对这些补贴进行分配，对补贴的讨价还价可以解决组织中存在的冲突，对补贴的分配过程也是确立组织目标的过程。政策委员会是补贴的另外的一种形式，也是联合体形成的重要方法。塞尔特和马奇以一个案例说明在不缺少其他补贴而需要在政策互补的情况下，通过协商确立联合体目标的过程。

如果要建造一个礼堂，这个尖顶的壁画应该是怎样的？对此有不同的要求。由于要求不同，就需要由一个委员会来协商决定。假设这个委员会由9人组成，他们提出了各自的要求：A. 抽象的、单色调的，B. 印象派的油画，C. 小的、椭圆的，D. 小的并是油画，E. 方的并是多彩的，F. 古典的、印象派的，G. 单色彩的油画，H. 多彩的，I. 小的、椭圆的。

面对这些不同要求，要达成比较一致的协议就需要考虑做出决定的人数和所提要求的情况。如果在9人委员会中有5个人才能做出决定，就有可能达成3种协议。（1）壁画应当是小的、多色调的、椭圆的、印象派的油画（A、C、D、G、

---

❶ Richard M.Cyert, James G.March, *A Behavioral Theory of Organizational Objectives,* 转引自Jay M.Shafritz, J.Steven Ott, *Classics of Organization Theory*, Third Edition,Brooks Cole Publishing Company,1992, p.134.

Ⅰ）。（2）壁画应当是小的、单色调的、椭圆的、抽象派的油画（B、C、D、H、Ⅰ）。（3）壁画必须是小的、方的、多色调的、印象派的油画（B、D、E、F、H）。在这3种协议中，只有D提出的要求与每组的要求符合，被大家接受。

塞尔特和马奇认为，政策补贴和金钱等物质性的补贴一般来说没有太大的差别，因为任何补贴都是受政策限制的。政策互补性的协商过程也是组织目标的确立过程，因为协商的形式和组织目标都有共同的特征，如它们是非理性的，一些目标也缺乏可操作性。

三、联合体目标是由调节多个成员行为的控制系统来稳定和清晰化的

（一）通过控制系统来稳定组织目标

塞尔特和马奇认为，通过协商达成的协议没有组织目标稳定和明确，它是经过多次的讨价还价，表现为一系列的承诺。协议不能解决细节问题，也不能使目标清晰化。不仅如此，由于受多种因素的限制，协商所达成的协议也不能体现所有成员的期望和未来变化的情形，但联合体的成员也需要达成共识。如何使协议更加稳定呢？他们指出，"联合体的成员就是在这种协议的约束之下行动的，也就产生了强迫这些成员行动的相互控制系统"。❶通过这个相互控制系统就可以调节联合体成员的行为，这个控制系统包括预算和功能分配系统。

（二）按照惯例对协议进行修改

塞尔特和马奇认为，在相互控制的系统中，在进行再协商的过程中就需要对当初的协议进行修改。在组织的早期和发生重大事件的转变时都需要结合当时的实际对目标进行修改。联合体的成员一般都是按照组织的惯例来进行的。如现在的预算和分配要依据过去的预算和分配，今后的预算和分配要依据现在的预算和分配。通过惯例就可以使联合体的协议制度化和比较永久化。即使在遇到具体情况时也无须再进行协商来确定目标。

❶　Richard M.Cyert, James G.March, *A Behavioral Theory of Organizational Objectives,* 转引自Jay M.Shafritz, J.Steven Ott, *Classics of Organization Theory*, Third Edition,Brooks Cole Publishing Company,1992, p.137.

四、联合体目标是通过多个成员的期望和对组织目标的关注程度进行调整的

先例和制度化可以使组织目标有一定的稳定性，但由于个体对联合体的要求的变化，也使联合体的目标不断发生变化。这就需要根据联合体成员的期望值和对组织目标的关注度进行调整。

（一）根据成员的期望进行调整

联合体成员的要求是以要达到的目标来表现的，而目标与期望值相关。组织目标和成员之间的需求是有偏差的，成就与期望之间的关系是：（1）在稳定的状态下，期望值比实际所达到的水平要稍高一些。（2）如果实际的成就不断增长，期望值就会显得滞后。（3）如果实际成就低，期望值就会高于实际成就。

（二）根据成员关注的目标进行调整

组织中的不同部分和不同的人所关注的主要目标是不同的。组织中特定的单位在特定时期只会注意特定的目标，而不太关注组织其他部分的目标。组织中不同成员有不同的特殊目标，关注的焦点也就不同，因此组织中有许多非理性的目标但也能够成功地存在。它们几乎很少有同时冲突的目标，因为在组织中不可能同时去注意两种要求。组织中注意的次序对组织目标有影响，但这种注意的次序不同于博弈论所认为的利益的选择次序。

第三节　组织是多个支持者构成的评价系统

传统对组织有效性的评价是以理性目标为基础进行的，这种评价方式有一定的合理性，但也有局限性。特瑞·康纳里（Terry Connolly）、爱德华·康龙（Edward J.Conlon）、斯图阿特·迪特斯查（Stuart Jay Deutsch）于1980年指出，应当用多元评价的观点来评价组织的有效性。他们研究的主要问题是，在一个特定的环境中存在哪些支持者，每种支持者提出了什么样的有效性评价，这些评价的结果是什么，从这种标准出发，对组织进行重新定位。

一、从多元支持的观点评价组织的有效性

康纳里等认为，从多元支持的观点来评价组织的有效性，主要包括以下几个方面。

（一）以多元主体为主进行多元的评价

（1）评价的主体是多元的。例如一个组织可以从它的高层经理人员、雇员、顾客、政府机构等多个方面进行评价，而这种评价的结果可能是不一致的。

（2）评价的方面是多元的。多元支持者可以从创新、雇员的满意度等方面对组织进行评价。这样就超越了以客体为主的多维评价观。

（二）要综合考虑多元支持者的多元价值取向

康纳里等认为，评价标准要从抽象、价值中立的组织观和系统组织观向多元支持的观点转变。组织的支持者不是抽象的，他们都有自己的价值取向。个人成为组织的一个支持者如所有者、管理者、雇员、顾客、资源提供者、规范者等都是有一定原因的。他们有自己的目的，也追求特定的目标，这些都会体现在他们的评价方式中。因此，要考察支持者的价值取向，综合地考察多数或所有支持者的评价倾向，而不是把某个或某些支持者的标准作为普遍的和正确的标准来评价。

（三）从一系列"支持者"而不是"参与者"来评价有效性

康纳里等认为，组织目标是模糊的，成员所表述的目标也是因人而异的,也不能够对系统的目标进行清楚的表述。因此，有效性"不是一个单独的表述，而是一系列的表述，其中每一个表述都反映了不同的支持者所采用的评价标准。用'支持者'而不用'参与者'来评价，是说明与组织不太相关的个人和小组也可能是支持者，也参与对组织活动的评价并可能在某种程度上影响组织的活动"。❶

（四）以获取资源的能力作为评价有效性的标准

康纳里等认为，多元评价的观点把稀有资源的提供者看成是决定评价标准的最重要的权重，"组织的有效性是保持提供这种资源的能力的程度。由此，多元支持的评价观把有效性作为确定一个组织获取稀有资源的潜能（无论它是否开发了这种潜能），主要是以满足资源提供者作为评价的标准，而其他支持的评价就

---

❶ Terry Connolly, Edward J. Conlon, Stuart Jay Deutsch, Organizational Effectiveness: A Multiple-Constituency Approach, *Academy of Management Review,* Vol. 5, No. 2 (Apr., 1980), p. 213.

不是直接的了。"❶

（五）多元支持的评价观包括所有相关的支持者，也包括那些没有明确占统治地位的支持者

康纳里等对目标模式和系统的观点进行了分析。他们认为，目标模式是假定存在一个独立小组，达成了可操作的评价标准，也能够采用这些标准对组织的主要活动进行评价。联盟的目标可能只是反映了所有的相关支持者的目标。系统资源的观点是假定联盟对组织施加影响的程度取决于它们能够提供有价值的资源或者影响资源的获取。从多元支持的观点来看，股东、高层管理者和顾客对于组织的目标持有不同的观点，这些组织及其他人不需要通过协商产生一个操作目标的联盟。多元支持也包括了那些没有明确占统治地位的支持者，也并不需要通过获得资源来产生影响。

二、对组织的重新定位

康纳里等认为，多元支持的评价观把组织活动和它的支持者之间的关系联系起来对组织的有效性进行研究。它包括组织支持者满意度的分布、支持者影响组织的机会、组织在包含当前和未来的可能影响环中的定位等。因此，多元支持评价观更能解决组织的有效性问题，它对组织进行了重新定位，定位如下。

（一）组织是由不同支持者对有效性做出不同评价的系统

康纳里等指出，多元支持的观点把组织看成"是由不同支持者来对有效性做出不同评价的系统"。❷在他们看来，多元支持的含义比"直接参与者"的范围要广，支持者包括所有者、管理者、雇员、顾客、资源提供者、规范者等，也可以是股东、高层管理者等。

（二）组织是多个相互影响的环的交接

康纳里等认为，多元支持的观点把组织看成是"多个相互影响的环的交接。每个环都包含着一个支持者，以他自己与环的相互关系来评价组织的活动"。❸

---

❶ Terry Connolly, Edward J. Conlon, Stuart Jay Deutsch, Organizational Effectiveness: A Multiple-Constituency Approach, *Academy of Management Review*, Vol. 5, No. 2 (Apr., 1980), p. 213.

❷ Ibid, p. 214.

❸ Ibid, p. 215.

第四节　组织是利益相关者构成的系统

组织是复杂的社会系统，在这个系统中存在多种利益相关者，每个利益相关者都是相互依赖的。可以说，组织是由多个利益相关者构成的相互依赖的关系网络，是跨边界的社会网络或开放系统。伊恩·米特洛夫（Ian Mitroff）对利益相关者的类型、特征及其与组织之间的关系等问题进行了研究。

一、利益相关者的类型和主要特征

组织是由多元、复杂的利益相关者组成的系统，在处理社会问题时应当采取开放、复杂、多元的方法，需要确定每个社会问题的利益相关者。

（一）利益相关者的类型

1. 对组织的政策和某种行动表示不满的人

当组织制定某些政策或采取某种行动时，有人会提出鲜明的观点，他们也会通过一些方式，如标语、口号、游行、静坐等行动表明其反对的态度，这些人就是利益相关者。因此，可以通过观察对组织政策和行动表现出的态度和行为来确定利益相关者，这种方法也叫表现观察法。

2. 在决策机构中占有正式位置的人

在决策机构中占有正式位置的人就是利益相关者。因而可以通过确定在组织中所占的位置来确定利益相关者。

3. 政治活动的积极参与者

个人或组织参与政治活动的程度不同，如在参加会议、参与选举活动等方面表现积极的人就是利益相关者。因此，可以根据参与政治活动的程度来确定利益相关者。

4. 通过观点和言论影响他人的人

试图用自己的观点来影响他人的人就是利益相关者，如重要杂志的编辑等。因此，可以根据是否通过言论来影响他人来确定利益相关者。

5. 某项政策产生的影响是相同的群体

通常一项政策对不同年龄、性别、民族、职业、宗教信仰的群体所产生的影响是不同的，而对同一年龄段、性别、民族、职业、宗教信仰、出生地和教育程度相同的群体的影响是一样的，这些人就是利益相关者。因而可以通过年龄、性别、民族、职业、宗教信仰、出生地、教育程度等特征来确定利益相关者。

6. 与组织或个人有重要关系的人或组织

在组织或个人之间有一些重要的关系，如供应商与雇员、顾客或当事人；联盟、竞争者或顾问等。在这些关系中的人或组织就是利益相关者。因而可以通过关系来确定利益相关者。

（二）利益相关者的主要特征

米特洛夫指出组织是"内部和外部的利益相关者组织化的集合"，**❶**是利益相关者构成的相互依赖的关系网络。在利益相关者之间，有的是相互支持的，可以促进组织向与目标一致的方向发展；有的是对抗的，其阻碍组织目标的实现甚至向偏离组织目标的方向发展。利益相关者的主要特征如下。

1. 每个利益相关者都有其独特性

米特洛夫指出："每个利益相关者都是具有独立于其他利益相关者特征的独立实体，他具有资源、目的、动机、意愿和行为能力。"**❷**利益相关者可具有这些特征中的多个特征，至少应具有其中的一个特征。

2. 利益相关者之间存在相互作用

（1）在利益一致的基础上改变利益相关者。①强制改变。通过权力或命令进行。②柔性改变。由价值观和情感的认同来改变。③互利改变。通过经济交换来改变。④谈判改变。由妥协谈判来改变。⑤共识改变。通过彼此达成共识来改变。⑥合作改变。由彼此合作和结合来改变。

（2）利益不一致时利益相关者的关系。①斗争、回避。②投降。③与其他利益相关者形成联盟。④摧毁利益相关者。

二、组织与利益相关者之间的关系

组织作为整体，与利益相关者是彼此影响、相互依存、共同发展的，具体表

---

❶ Ian I. Mitroff, *External Influences on Managers*，转引自Jay M .Shafritz，J.Steven Ott，*Classics of Organization Theory*，Third Edition，Brooks Cole Publishing Company，1992，p. 372.

❷ Ian I. Mitroff, *Stakeholders of the Organazational Mind*，Jessey-Bass Inc，1983，转引自Jay M.Shafritz，J.Steven Ott，*Classics of Organization Theory*，Third Edition，Brooks Cole Publishing Company，1992，p. 372.

现为以下几点。

（一）利益相关者对组织的作用

1.利益相关者有助于组织目标的实现

在组织中，领导要确立和提出明确的组织目标，管理者要把目标转化为具体的、可操作的行动程序，利益相关者共同为之努力才能实现组织目标。

2.利益相关者对组织所使用的策略能够获得成功具有重要作用

组织策略能够获得成功至少需要具备以下几个条件：（1）利益相关者的性质和行为。（2）把利益相关者限制在组织的关系网络中。（3）组织具有改变有关关系的权力。

3.利益相关者对组织决策有作用

利益相关者具有获取和传递信息的能力，也有在信息基础上进行有效决策的能力，因而可以影响组织决策。

（二）组织影响着利益相关者

（1）组织可以通过满足利益相关者的部分需要来影响和改变利益相关者，也可以通过特定的方式把组织变成利益相关者。

（2）组织的管理者应该将利益相关者的资源全部用于实现组织目标，对来自利益相关者的资源进行重新分配，使每个利益相关者都拥有必需的资源，对资源的利用和效益要达到最大化，把最大化的效益分配给利益相关者。

（3）组织应该处理好利益相关者之间的关系。从内部来说，要最大限度地降低个人、小组和部门之间的冲突。从组织外部来说，要最大限度地降低组织与政府、公共利益组织、联合体、竞争者等之间的冲突。

（三）组织与利益相关者是相互作用

米特洛夫指出，组织的发展与利益相关者的相互作用过程是一致的。组织的发展是利益相关者相互作用的结果，组织文化及其发展也是利益相关者的文化及其发展。

第五节　组织是由多元参与者形成的契约

有人把组织看成是实现理性目标的实体，有人把组织看成是有目标、需要、福利等人类社会性特征的社会角色。迈克尔·凯利（Michael Keeley）认为这两种观点都有局限性。他于1983年指出组织是契约，组织的存在是为了实现重要参与者的独立目标的活动，而不是追求组织的目标；组织是参与者为实现自己目标达成的协议，体现的是权利和责任，具有自愿性。因此，组织也包括权利、自愿等价值因素。

一、对两种组织观点的评价

（一）组织是实现既定目标的实体

在凯利看来，有人把组织看成是实现既定目标的实体的观点是有局限的。这是因为：（1）确定真正的组织目标是困难的。（2）这种观点可能会混淆个人的目标和整体的组织目标，低估目标的矛盾性。

（二）组织是具有目标、需要、福利等人类社会性特征的社会角色

有人把组织看成是具有目标、需要、福利等人类社会性特征的社会角色。凯利认为，这种观点把个体看成是能动的，是受目标、需要、动机所驱动的，承担着推动组织目标实现的角色，把个体看成是实现组织目标的工具。这种观点并没有说明如何在具有自我利益的成员之间的自愿合作或共同行动中的利益或责任的分配问题，因而也很难说明组织的本质。

二、组织的价值是组织存在的根本原因

在对上述观点进行分析之后，凯利指出，"组织并不是以目标为导向的系统，目标为导向的组织系统模式也不能描述组织系统的行为。即使组织就是追求其目标的，也不能从逻辑上就认为组织追求和实现目标的行为就是组织的最主要的特征，这也不是组织存在的根本原因"。[1]只有价值才是组织存在的根本原因。

凯利认为，组织的自愿比实现组织目标更重要。他指出，有的组织虽然有明确的目标，但由于实现目标的方式是以牺牲多数人的利益为代价的，是非人性

---

[1]　Michael Keeley ,Values in Organizational Theory and Management Education，*Academy of Management Review*（1983），p.379.

的，也不能取得成功。有的组织效率很高，但靠的是强制手段而不是自愿来实现组织目标，最后也很难成功。导致组织失败的原因不是缺乏组织目标而是缺乏自愿。人们所关心的更多的是自愿而不是组织目标，在组织中让人具有自愿比实现目标更重要，自愿的价值显然高于集体目标实现的价值。因此，以目标为基础的观点是有局限性的。

三、组织是契约，契约具有双重性

从契约的观点来看，可以把组织看成是"一系列满足多样的、个体的利益的协议"。❶"组织是在活动中形成的协议，是把单独目标连接起来的方式。"❷在这种观点看来，组织并不存在整体统一的目标。

组织是契约，如何促进组织的自愿的合作呢？契约模式并没有说多数组织已经解决了这个问题，也不能肯定组织的契约都是自愿的。这样，对契约的理解就有双重性，一方面是经验的解释，另一方面是规范的解释。

（一）从经验方面来看，组织是行为规则的协议，体现的是权利和责任

从契约的观点看，"组织是一系列类似契约的行为规则的协议，是对参与者权利和责任的规定"。❸这些协议可能并非自愿和稳定，但也是表示默许的形式，可以"把强制的系统理解为一系列的行为规则而不是追求共同目标的实体"。❹不论组织是否具有自愿性，都可以从契约的观点对组织的有效性进行评价，这就突出了权利的作用。

凯利认为，关注组织系统的目标或角色的观点也是来自契约的观点。"权利是社会相互作用的货币。"❺权利在社会的相互作用中起着重要的作用，它是对人与人关系的特殊规定，组织中并没有重视这种权利。参与者可以从所拥有的权利中推断出组织的一般结构。费伯格（Feinbeg）认为，"权利是规则系统中的

---

❶　Michael Keeley ,Values in Organizational Theory and Management Education， *Academy of Management Review*（1983），p.381.

❷　同上。

❸　Ibid，p.382.

❹　同上。

❺　同上。

正当要求"。❶如果把组织目标分成各种参与者拥有和实施的部分权利，就可以更全面地理解组织中参与者相互合作的行为的复杂性，也可以理解参与者多种权利的相互关系，由此来设计的组织行为就比从组织的总目标出发来设计的组织行为要丰富得多。如果把参与者根据额外组织原则所获得的权利，如决定权、法律或文化权利也加入组织中，将会更加丰富组织的内容。

（二）从规范方面来看，自愿是组织的重要特征，是权利和责任的基础

凯利认为："契约的观点重视组织的特殊问题即自愿问题。"❷一般来说，由于自愿，契约才被接受。如英美普通法注重保护自愿的人而不鼓励非自愿的人。契约模式重视自愿性组织的权利和责任，扩展了组织研究的新内容。"权利实际上解决了自愿问题，组织的权利承诺产生自愿形成的相互期望将会实现。"❸

凯利认为，个人在理想的自愿体系中所拥有的权利主要是道德和人权。由于习惯性的权利有时不能完全保证自愿，就从契约模式中产生出另外的权利：道德和人权，这是在理想的自愿体系中个人应该拥有的权利。如《联合国人权宣言》等国际性的协议中，宗教、言论自由、废除奴隶、奴役、种族歧视等权利也是个人的权利。有些人正是用契约的观点来说明相关权利的正当性的。

凯利认为，从理想的契约中引申出来的权利只是一种理想，实际上并不是有效的，它只有在以理想的自愿关系为条件的范围内才是有效的。要确定从理想的契约中引申出复杂组织中参与者的人权问题，关键的问题是，如果他们双方都在互利的基础上自由地协商，具有自我利益的参与者将会承认什么样的具体权利。实际上，从想象契约中推演出来的权利只有在以理想的自愿关系为条件的范围内才是有效的。一些契约理论家努力建立这些条件，另一些人则忽略这些条件。

凯利认为，西蒙和明茨伯格从组织是以目标为基础的观点出发，认为管理者

---

❶ Michael Keeley ,Values in Organizational Theory and Management Education, *Academy of Management Review*（1983）, p.382.

❷ Ibid, p.383.

❸ 同上。

的主要任务是实现组织目标。从契约的观点看，"管理组织的首要责任是促进自愿的合作，促进在尊重所有参与者的道德权利和制度权利上达成一致"。❶

---

❶　Michael Keeley ,Values in Organizational Theory and Management Education，*Academy of Management Review*（1983），p.384.

第五章　组织与经济

从广义上看，组织理论多数涉及经济问题，如最早的组织理论家就重视经济效益问题，对组织行为的研究也与提高组织的经济效益有关。但这里所说的组织与经济的关系问题，有更特定的范围。如市场、交易、代理、产权等与组织的关系。过去对组织的研究主要是从科层制、社会学、心理学等方面研究组织的，从经济学的角度研究组织可以说是组织研究的新视角。从这一视角出发，可以把组织看成是市场、中介、交易体系，把组织看成是契约等。从经济学角度来认识组织，提出一些新的观念和新的定义，拓展了组织研究的范围，也深化了对组织本质的认识，对组织和管理具有重要的意义。

第一节　概述

一、历史背景

（一）交易环境的不稳定和不可测性对交易提出了新的要求

简单交易是比较容易实现的。随着人们面临的交易环境越来越复杂，也越来越不确定，如何在这种条件下进行交易，应该采取何种组织形式，如何最大限度地降低交易成本，这些都是需要研究的新问题。

（二）开放系统和理性的观点为研究交易提供了基础

从开放系统的角度来看，组织是一个开放系统。人与环境、人与组织之间是

相互作用的。交易就是人际之间或在不同领域边界之间的物质或服务的交换。❶
从理性的观点来看，交易的过程是理性的，要最大限度地降低交易的成本。特别
是理性的局限性和环境的不确定性结合在一起时，就容易导致市场失灵，就需要
用新的组织形式来降低交易成本。

二、研究的主要内容

（1）内部劳动力市场的形成和特征。

（2）所有者与代理人之间的关系。

（3）交易与组织结构的关系。

三、组织的观念和概念

（1）组织可以被看成是规则化或模式化的结构。

（2）组织可以被看成是市场、中介交易体系。

（3）组织是契约。

第二节　集体性组织的形成和结构特征

　　古典经济学家假设，工人自由地从一个企业、一种工作转到另一个企业和另
一种工作，原因在于工人在努力使自己的技能和工作有效地结合起来。如果不能
很好地结合，工人就要自由地流动。奥利弗·威廉姆森（Oliver·E.Williamson）
于1975年通过分析各种类型的经济契约和市场模型在雇佣关系中的应用，从内部
对生产商品和服务的组织决策进行评价。他用交易成本的框架协议分析了内部劳
动力市场组织的形成和结构特征。由于内部劳动力市场存在追求整体利益、不同
的工资级别、内部提升、向上流动、申诉等机制，雇主和雇员之间可以进行协
商，达到彼此信任，从而使雇员和组织的联系更加密切。

一、集体性组织的形成和实现目标

（一）集体性组织的形成

　　威廉姆森认为，应该从系统整体利益来考虑组织的形成。个人利益和整体
系统之间的关系是复杂的。从微观生态的角度看，对个人利益的追求有时会影响

---

❶　[美] W.查里德·斯格特：《组织理论》，黄洋等译，华夏出版社2002年第1版，第104~105页。

集体成就。个体或小组都是以利益的最大化进行讨价还价的，都想在组织系统中获得垄断地位。但从系统的整体利益来看，这样做的结果是影响了系统的整体利益。因此，系统中的每个个体都不应该为了个人利益的最大化而不断地讨价还价。应该把讨价还价、追求利益最大化的"雇佣关系变成对系统整体利益的关注"。❶因此，在雇佣关系中，应该把系统的整体利益放在优先的地位。

（二）系统要实现的目标

威廉姆森指出，系统要实现的主要目标有以下几点。（1）降低讨价还价的成本。（2）用具体的工作特征使内部的工资结构合理化。（3）鼓励追求完美而不是马马虎虎的合作。（4）采用对特殊类型工作的方式来避免滥用职权。❷

二、组织结构的特征

威廉姆森指出了雇佣关系中组织结构的主要特征有以下几点。

（一）工资与工作相匹配

威廉姆森认为，个体签订契约的主要困难在于工作有不同的特征，工人有讨价还价的机会，因此，这种讨价还价要向组织系统转型。"工资不是与工人相匹配，而是与工作相匹配的。"❸这样就不鼓励个人对工资进行讨价还价，也可能被法律所确定。

（二）契约的不完善性

威廉姆森指出："内部劳动市场通常是通过集体协商的方式达成的。"❹这种协议实际上起着一种控制作用，它控制着多方面的关系。但由于协议存在不完善性，它不可能把许多细节都包括进去，这就需要在遇到意外的情况时进行灵活处理，这也提供了仲裁的机制。契约的不完善性体现了契约的边界理性。

（三）由工会控制仲裁

在仲裁中，有人可能会对结果产生质疑、争论和抱怨。考克斯（Cox）指出，应该由工会来控制仲裁。由于工会的特殊性质，由工会来控制仲裁，可以使

---

❶ ［美］W.查里德·斯格特：《组织理论》，黄洋等译，华夏出版社2002年版，第104~105页。

❷ Oliver E.Williamson, *Markets and Hierachirs*：*Analysis and Antitrust Implications,* The Free Press,1975，First Free Press Edition, 1983,pp.73-74.

❸ Ibid, p.74.

❹ Ibid, p.75.

团体利益超越个人利益，从而抑制少数成员的机会主义。

（四）内部提升和向上流动

威廉姆森认为，一般来说，只要可行，高层的位置都是从内部提升的，但并不是所有的人都可以被提升到较高的位置上，内部的提升只是内部激励系统的一部分。通过这种机制把工人和企业以一种连续的方式联系起来，工人把内部提升和向上流动看成是改善其地位的方式，从而起着激励的作用。

第三节　所有人与代理人之间的激励和监督机制

组织是契约，但并不是所有的经济活动都是作为自由的契约而安排的。所有人与代理人之间存在复杂的关系。代理理论家主要研究如何构建以较低的成本进行有效的监督和激励机制。使代理者可以按照利益最大化原则来工作，同时也可以监督代理人，减少代理人的违规行为。从代理理论来看，"组织的出现是为了支持和维持复杂的协作系统"。❶迈克尔·詹森（Michael C.Jensen）和梅克林（H.Meckling）于1976年指出了所有者和代理者之间的特殊的协作关系。❷

一、代理理论体现的是价格机制和科层机制的结合

詹森和梅克林认为，代理理论是所有者和代理者之间形成的一种机制，这种机制体现的是价格机制和科层机制的结合。他们指出，从代理理论来看，管理者和其他雇员是所有者的代理人，因而代理者就要使所有者的利益最大化，所有者要赋予这些代理人所需的权威并满足其利益需求，要有使代理人为所有者的最大利益而工作所需要的价格结构。但价格机制主要关心的是如何来建构组织，以便使代理人和所有者之间能够进行市场交易。由于所有人和代理者之间的利益是不同的，代理者并不能总是按照雇主的利益最大化原则来行动，仅靠价格机制也很难保证所有者的利益。这就要研究所有者如何利用价格机制和科层机制既保证代理人能够努力为雇主工作，也可以减少代理人的违规行为。价格机制（如刺激）的作用是保证所有人的最大利益，科层机制是所有人要赋予代理人一定的权威来

---

❶ [美] W.理查德·斯格特：《组织理论》，黄洋等译，华夏出版社2002年版，第151页。

❷ Michael C. Jensen, William H. Meckling, *Journal of Financial Economics*, Vol. 3, No. 4, (1976), pp. 308-310.

工作的，这样就把价格机制和科层机制结合起来了，也把激励机制和监督机制结合起来，使所有者和代理者之间建立合理的关系。❶

二、代理关系是激励和监督关系

詹森和梅克林认为，代理关系是一种特殊的契约关系，也体现了激励和监督的关系。他们指出这种关系有以下几种。

（一）既要激励，也要限制

所有者要通过适当的激励机制来激励代理者，也要通过增加监视成本来限制代理者的异常活动，从而减少其对所有者利益的违背。

（二）付给代理者费用去扩展资源

在某些情形下，所有者可以付给代理者费用去扩展资源，以保证他能不采取伤害所有者的某些行动，或者当他采取了某种行动之后，所有者也可以得到补偿。

（三）加大监视和协定成本

一般来说，所有者和代理者在零成本的情况下确保代理者能够按照所有者的意图做出决策是不可能的，因而在多数代理关系中，所有者和代理者都会加大监视和协定成本。此外，代理者的决策可能会与所有者的利益最大化之间存在背离，这就需要加大监视和协定成本。❷

第四节　交易、市场与组织结构

一、交易成本与组织结构的关系

从交易成本研究组织是对组织进行的多学科研究，它把经济学、组织理论和契约关系结合起来。古典经济学模型把组织看成是管理生产成本和程序的系统，奥利弗·威廉姆森（Oliver E.Williamson）则从重视生产转向对重视交易成本的研究，研究了与形成人际之间、地区之间的商品和服务交换协议相关的成本。他认为，赞同和遵守交易的条件在财富的创造过程中起着重要的作用。在交易越来越复杂，交易环境日益变化的条件下，交易的成本越来越高。这些成本包括获取

---

❶ J Steven. Ott, Jay M.Shafritz, Yong Suk Jang, *Classics Readings in Organization Theory*, 7th Edition, Wadsworth Cenget Learning, 2011, p. 244.

❷ Ibid, pp. 248-249.

信息、约定协议、控制协约和解决纠纷的费用。他指出，传统的研究比较重视生产要素之间的组合，不重视组织结构的变化，交易成本的理论比较重视对交易结构的管理。他于1981年研究了交易成本与组织结构的关系。❶

（一）组织结构是降低交易成本的重要手段，组织结构的变化反映了交换类型的变化

在威廉姆森看来，交易是在人际之间或在不同领域边界之间进行的。简单的交易实现起来比较容易。但在进行复杂交易的条件下，遇到不稳定、不确定的环境，要进行安全的交易就比较困难。如果假设他人不会遵守协定，存在各种机会主义，就要设计特定有利于交换的组织结构来降低交易成本。组织结构不仅可以降低交易成本，而且可随着交换类型的不同而变化。随着交易环境的变化和不确定性的增加，订立包括各种潜在可能性的契约都会比较困难，而且需要付出很高的成本。在这种情况下，就需要新的组织形式。

（二）交易成本的增加产生了组织层级系统和导致组织的扩张

交易成本和组织层级之间有密切的关系。威廉姆森指出，在近几十年来，简单的交易被更复杂的交易取代了。交易发生的环境越来越不确定，对关系的信任度也越来越低，因此，交易成本也就显著增长了。

根据交易成本模型，经商面临的主要问题是确定商业伙伴，在交换中能够合作并承担责任。这些成本，主要包括获取有关合作者的服务质量的信息、其他的谈判和协议、通过协商达成并维持协议、处理并预防争端。这些交易成本的增加，带来的直接后果就是产生了组织层级系统并导致了组织的扩张。

（三）把交易关系转化为层级结构有利于监督交易行为和控制交易成本

交易成本不仅决定组织的层级，也决定着如何设计管理系统。威廉姆森认为，通过把交易关系转换成层级间的亚元素，使交易合作者的行为可以通过直接的监督和其他组织控制的机制更好地展示出来，这样会减少交易成本，或者至少以通过这种层级来控制交易成本的增加。

---

❶ Oliver E. Williamson, The Economics of Organization: The Transaction Cost Approach, *American Journal of Sociology*, Vol. 87, No. 3 (Nov., 1981), pp. 548-577.

（四）组织的层级制度可以代替市场中介交易，也有利于抑制和消除机会主义

简单的市场交易一般是采用现货合同，所有义务都是当场履行的。当商品或服务不是现场交付，要签订包括未来各种可能性的合同就比较困难。在这种情况下，组织就成为替代市场进行交易的方式。

在交易过程中，一些交换者或合伙人可能会用各种方式获取私利，表现出机会主义。组织是在不确定性的状况下和在进行有限交换的条件下抑制机会主义的重要手段。组织通过两个方面来抑制和消除交易中的机会主义。（1）通过交换中的等级结构，形成审计和监督系统。（2）通过内部的激励机制，阻止参与机会主义的行为。从交易成本的观点来看，组织可以提供降低交易成本和限制机会主义。

在威廉姆森看来，在交易过程存在高度的复杂性和不确定性时，组织的层级制度可以替代市场中介交易，也有助于解决那些潜在的、不知是否可以值得信赖的交换伙伴的投机问题。在处理复杂和不确定的交易时，由于组织能够降低交易成本，因而它比市场更有优势。

二、从交易和市场的观点研究组织

一般的组织理论比较重视科层结构，杰·巴尼（Jay B. Barney）和威廉姆·乌奇（William G. Ouchi）于1986年指出应该从经济学的角度来研究组织，把交易和市场的观点纳入组织研究的范围，这样就扩展了组织研究的范围。

（一）从交易的角度来分析宏观组织

巴尼和乌奇指出，一般的组织理论是从多个层面来分析组织的，如分析个体、小组的、小组间、组织和环境之间的关系这样四个层面，这四个方面是从心理到社会心理学、社会学、政治学的过程。交易的观点并不是去分析组织的多个层面，而是分析一个适合的层面，这就克服了多层面分析的缺陷。他们引用了威廉斯姆关于交易的观点。威廉斯姆认为，"交易是在技术上是独立的实体之间的交换，交易的定义与交换理论密切相关"。❶

巴尼和乌奇指出，把交易作为一个分析单位来对宏观组织进行分析是可能

---

❶　Jay B.Barney, William G.ouchi, *Organizational Economics,* San Francisco：Jossey-Bass,Inc, Publishers, 1986, p.433.

的。把交易看成是分析单位，就抓住了研究组织的焦点问题。威廉姆森就把个体交易扩大为更小同盟的交易、把小组扩大为小组间的关系，甚至扩大为公司和公司结构，甚至把交易扩大到公司间的关系。这样，以交易为基础来分析组织，然后对组织进行宏观的多元分析和跨学科的研究。巴尼和乌奇指出，从交易的观点来研究组织，就需要对传统的组织边界、组织环境、组织结构等问题进行重新认识。例如，传统的边界是封闭的，而交易形成的边界是开放的，交易形成的组织边界在哪里？公司的内外边界在哪里？这些问题都需要重新研究。

（二）把市场、科层、交易、中介纳入组织中，扩展组织的概念

巴尼和乌奇认为，从经济学的角度研究组织，就要研究什么能够构成组织，什么不能构成组织。他们指出，"如果事情或过程表现出有规则的模式或结构，它就是被组织的"。❶在他们看来，从经济学的角度看，组织就是事件或过程的规则的模式化或结构。

巴尼和乌奇指出，传统的组织理论家把组织看成企业内部和企业之间、政府科层机构内部及其科层机构之间的活动。从经济学的角度看，这样来定义组织是不够的，这样就限制了组织的范围，不利于对组织的研究。一般的组织理论只是研究科层反应的几种类型，而对市场等方面的研究不够。组织应该研究科层制、交易、市场和中介市场等形式，把市场、中介形式等都作为组织的内容，丰富和扩展组织的概念。

三、通过降低交易成本来减少机会主义

在进行交易的过程中，存在各种机会主义。如何通过组织设计来减少交易成本是个需要研究的问题。罗宾（Paul H .Robin）于1990年指出可以通过减少交易成本来减少机会主义。

（一）两条潜在的基本商业交易原则

罗宾对交易的分析是建立在下面两条原则基础之上的。❷（1）人们都是追求自我利益和有机会主义倾向的。人们都会最大限度地努力去获得交易的利益。

❶ Jay B.Barney，William G.Oouchi, *Organizational Economics*, San Francisco：Jossey-Bass, Inc, Publishers, 1986, p.434.

❷ Paul H .Rubin, *Management Business Transations*, Free Press, 1990, p.162.

（2）合同是不完善的。人们"不可能签订完善的、考虑到任何和所有可能性事件和消除了各种机会主义和诈骗的合同"。❶这样就不能使用明白的、书面的和有法律约束力的合同去完全消除逃避或其他形式的机会主义。

（二）通过对购买决策进行监管或在垂直层面上进行整合来减少机会主义

罗宾指出，由上述两条原则可知，在交易中存在各种形式的机会主义，主要表现为前契约机会主义和后契约机会主义。前契约机会主义者，有时也叫不利的选择。这种机会主义会导致蠢人市场，极端的情况下也会导致市场的失效。一般是采取惩罚交易伙伴的方式来减少和消除这种机会主义。后契约主义是在双方已经交易的情形下产生的，它包括逃避、代理成本和道德危害。这种机会主义的共同形式和剥削是类似的，在这种情况下，交易的一方努力使自己的投资回报最大化。这种机会主义通常也与延迟问题有关。为了避免这样的剥削，可以对购买决策进行监管，或者在垂直的层面上进行整合。

（三）通过其他机制使交易成本最小化

罗宾认为，必须使用其他机制来使交易成本最小化，从而减少机会主义。他提出了以下具体的方法。

（1）市场控制的方法。可以通过市场来控制这些成本。

（2）承诺和守信的方法。使用承诺和守信的方式来支持交换，可以避免双方背离协议可能遭受的损失，双方都会努力监视去控制机会主义。

（3）声誉和伦理的方法。声誉可以最有效地保证诈骗不再发生，也可以有效地支持交换，它是控制机会主义的最重要的方法之一。通过伦理行为可以控制诈骗。

罗宾指出，上述几种方法可以降低交易成本，但要降低交易成本，并不能仅仅依靠上述几种方法，最根本的方法是要使交易结构化，建立使交易双方都能够互利的交易结构。

---

❶ Paul H .Rubin, *Management Business Transations*, Free Press, 1990, p.162.

第六章 权力、政治与组织

过去只是从行为、结构等方面来研究组织，尽管也看到了权力和政治的因素对组织的影响，但并没有明确地、系统地对此进行研究。对这一问题的研究最早可以追溯到20世纪50年代，例如西蒙的决策理论就涉及权力和政治问题。但只是到了七八十年代这一问题才成为组织理论研究的重点。随着组织和管理的发展，对组织中权力和政治研究的内容也越来越广。研究的主要问题包括组织目标的多样性、权力的来源及其影响权力的因素、权力与政治的关系等问题。对组织中权力和政治的研究是对组织新的层面的认识，它拓展了组织研究的范围，是对组织本质认识的深化。

第一节 概述

一、历史背景

（一）对传统理论的反思

有人把组织看成是理性的实体，认为组织存在单一的目标，组织就是为了实现既定的目标，而且是可以实现这个正式目标的。从权力和组织的观点来看，组织是由代表不同利益的部分组成的，利益的不同会对组织目标产生重要影响，这就需要关注组织中代表不同利益的权力和政治问题。有的组织理论重视组织的结构，但组织结构的理论并不能解决所有的组织问题，因为在组织结构的背后还存在着利益的问题。

（二）多元化、利益、权力问题是组织中的重要问题

利益、权力的问题一直是组织中存在的问题，但随着组织的发展，这些问题越来越突出，也成为组织研究的重点问题。如多元的观点、契约的观点就看到组织中存在的目标和利益的多元化问题。开放系统的观点重视组织环境的变化，看到了外部环境的力的作用，在这种观点看来，权力在某种程度上是由组织面临的关键的不确定性和问题所决定的，反过来也影响组织的决策，组织是和它所面临的现实结合在一起的，可以说正是权力推动着组织对环境的适应。

（三）后现代观点对组织中权力和政治有重要的影响

后现代主义者特别重视差异。在后现代主义者看来，组织目标是不一致的，组织中并不存在一个最好的方法，而是存在多样性。后现代主义者认为，组织中存在特定的组织文化，但这种文化也很难长期保持一致。在任何组织中都存在利益的差异，组织中有的问题是需要通过权力和政治来解决的。

二、研究的主要内容

（一）组织目标

（1）组织目标是个体和联盟经过不断协商建立的。（2）亚组织的目标对组织的整体目标有重要影响。（3）组织目标会随着联盟的权力的变化而发生一定的变化。（4）目标是需要权力来控制的。

（二）政策的制定

（1）注重政策的制定。（2）政策的形成是承认冲突、解决冲突的过程。传统的观点认为冲突是不正常的、病态的。从权力和政治的观点来看，存在冲突是正常的，它并不是病态的表现。在制定政策的过程中，需要对如组织目标、价值和策略等相关问题进行辩论，在这个辩论过程中自然会有冲突，这是很正常的。（3）制定决策的过程并不完全是按照理性目标进行的。

（三）权力、组织政治和决策

（1）权力的特征和类型是多样的，影响权力的因素也不是单一的，而是多样的。（2）组织政治与权力有密切关系，它是权力的体现，是克服阻力的活动。（3）决策有多种模式，它与权力和政治也有密切关系。

三、基本假设

（1）组织目标不是预先设定的，不是理性的，而是在协商的过程中形成的。在组织内部及组织和环境之间都可以进行协商。

（2）组织中的冲突是正常的。联盟之间为了争夺稀有资源不断竞争，就不可避免地产生冲突。可以通过协商和妥协等政治的方式来解决这些冲突，而权力和政治就成为解决这些问题的主要手段和方法。

（3）组织的许多问题是由权力和政治引起的，要解决这些问题必须要用权力和政治的力量。

（4）外部因素对组织有重要影响。权力、政治的观点不是把组织看成是封闭的系统，而是与其发生相互作用的，在相互作用的过程中，组织和环境之间是有冲突的，这种冲突在本质上是具有政治性的。这一过程中，有冲突也有妥协。

四、组织的观念和概念

（一）组织是利益联盟

在组织内部存在许多亚单元，这些不同亚单元有自己的利益、价值、偏好、观点和认识，组织是由这些亚单元组成的复杂的利益联盟。

（二）组织是多元的政治系统

组织是由不同利益的个人或亚单位构成的多元的政治系统。在组织中存在着利益的差异和传统。组织政治就是为了强化和保护个人或小组自身利益而施加影响的有目的的活动。

（三）组织是权力博弈系统

组织中存在着多个博弈者，各个博弈者都力图控制组织的基础和行动，在博弈过程中形成组织的目标和利益分配机制。

第二节　权力的类型、特征和影响因素

一、五种社会权力的特征及其作用

社会权力是指系统中某一个社会元素对个体产生的影响。约翰·弗伦奇（John R. P. French Jr）和罗文（Bertram Raven）于1959年指出应该从权力和影响至少涉及两个个体之间的关系这一前提出发来对社会权力进行研究，在研究权力

和影响的关系时应把焦点放在个体的反应上。他们指出，社会权力包括奖励权、强制权、法定权、影响权、专家权。

（一）奖励权

奖励权是正向的权力。弗伦奇等指出，奖励权是"以具有能够调节奖励的能力为基础的权力"。❶这种权力取决于能够正向地进行资源配置的能力，其强度与所调节奖励的幅度有关。奖励权可以增加组织对成员的吸引力和向心力，也可以把成员对组织的抵抗力降到最低。

（二）强制权

强制权是强制的权力。弗伦奇和罗文指出，强制权是"以具有调节惩罚能力为基础的权力"。❷这种权力也与能够进行资源配置的能力有关。如果是由于害怕而服从就是强制权。强制权会增加成员的抵抗性，强制性的程度不同，成员对组织的抵抗程度也不同。强制权的使用会降低组织对成员的吸引力，从而会引起成员对组织的较高的抵抗力。

（三）法定权

法定权是以内化价值观为基础的权威。弗伦奇和罗文指出，法定权是"以具有规定某人行为的法定权为基础的权力，它来自内化的价值观"。❸在这种价值观看来，人有合法的权力去影响另外的人，而另外的人也有责任去接受这种影响。韦伯等人也认为法定权与权威的合法性观念相似。但法定权并不总是一个角色关系，某人接受某人，是因为先前的承诺，其价值观决定了不能破坏这个承诺。法定性的观念也涉及一些被个体所接受的标准，通过这些标准，外部的代表可以维护其权力。

法定权以下面3点为基础：（1）基于文化价值观。它构成了某人对他人的法定权的共同基础。（2）对社会结构的接受。（3）由合法的结构所委任。法定权一般在委任的权力的范围内行使。从文化上来说，法定权的基础来源的范围是比

---

❶ John R .P.French Jr，Bertram Raven，*The Bases of Social Power*，转引自Jay M.Shafritz，J.Stever Ott，*Classics of Organization Theory*. Fifth Edition Wadsworth Thomson Learning，2001，p. 322.

❷ 同上。

❸ Ibid, p. 323.

较广的，向外部更广范围来行使法定权会降低权威的法定权的形象。法定权越是合法，它所产生的抵抗力就越小，就越不易降低其吸引力。

（四）影响权

影响权是基于吸引和认同的权力。弗伦奇和罗文指出，影响权是"以认同为基础的权力"。❶吸引力对认同感和影响力有直接的影响。某个社会元素（团体或个人）对某个个体的吸引力越大，个体对该社会元素的认同感也就越强，从而该社会元素对个体的影响力也就越大。影响权的范围与影响力的大小是正相关的。吸引力越大，影响权的范围也就越广。

（五）专家权

专家权是专家所拥有的权力，这是一种特定的权力。弗伦奇和罗文指出，专家权是因具有专业、知识和信息等所产生的权力。专家权的强度与其所拥有的在特定领域专业化的程度、所拥有的知识和信息的多少有关。由于专家权主要是在专业和知识领域，有的只是在特定的专业领域中拥有高水平的知识和能力，因此，专家权的影响范围比影响权的范围要小。

二、影响非正式权力的因素

组织的较低层的参与者具有一定的个人权力，而不是权威。较高层的管理者通过正式的位置获得较多的对人事、信息、资源控制的机会，而低层参与者则是通过一些方式获得了与正式权力相对应的非正式权力。大卫·梅克尼克（David Mechanic）于1962年研究了低层参与者的权力来源和影响权力的因素。他指出："低层参与者通过得到、保持和控制人员、信息和设备的通道来获得权力。较低层的参与者越能够做到这一点，较高层的参与者就越依赖他们。因此，低层参与者获得权力的关键是依赖性及其对依赖关系的操纵。"❷他还具体分析了影响低层参与者获得权力的因素。这些因素包括位置、专业知识、参与的兴趣和程度、人格、规则、联盟、在组织中时间的长短和对组织的熟悉程度等。

❶ John R.P.French Jr，Bertram Raven, *The Bases of Social Power*，转引自Jay M.Shafritz, J.Stever Ott, *Classics of Organization Theory*，Fifth Edition Wadsworth Thomson Learning，2001，p. 325.

❷ David Mechanic，Sources of Power of Lower Participants in Complex Organizations, *Administrative Science Quarterly*, Vol. 7, No.3 (Dec., 1962), p. 356.

（一）位置

梅克尼克指出，"在其他因素保持不变的情况下，一个人越是处在组织的中心位置，获得人事、信息和手段的机会也就越大"。❶一些较低层的参与者，如果处在组织中的中心位置就有机会获得权力。尽管他们没有正式权威，但可能会有一定的权力。例如，秘书，由于他们处在组织的中心位置，获得信息的机会较多，能够对领导的安排和会议进行控制，因而也会有一定的权力。

（二）专业知识

梅克尼克认为，基于专业知识的权力和高层对其的依赖程度有关。由于专家具有专业知识，掌握特殊技能和某些信息，组织高层就依赖他们。如果较低层的参与者拥有较高层的参与者所不具备的重要专业知识，就有可能具有超越较高参与者的权力。以专业知识为基础的权力与专业人员专业化的程度有关。专家比非专家更难取代，很难取代的专家比容易取代的专家有更大的权力。内行比外行的管理者更有优势，在高中层的管理者也是如此。随着专业化的发展，专家在组织中的作用越来越重要。随着组织任务复杂性的增加和组织规模的扩大，需要团体承担责任，高层参与者依赖专家和专业人员提供信息和研究，专家通过控制信息、提供正确的信息等方式具有获得很大权力的潜能。

（三）参与的兴趣和付出的程度

梅克尼克认为较低层的参与者是否可以获得权力，与其参与的兴趣和为之付出的程度有关。如果对这方面有兴趣，也愿意为之付出，获得权力的机会就大一些。兴趣和付出的程度与可以掌握的权力之间有直接关系。高层参与者对某项任务兴趣越少和付出越少，低层参与者得到与任务相关的权力的可能也就越大。

（四）人格魅力

梅克尼克指出，魅力和人格会强化人的依赖程度。有魅力的人可能会更能够获得影响他人的机会。一旦获得这种机会，就更可能促进事情的成功。梅克尼克指出："一个人越有魅力，他越可能获得影响他人的渠道并且控制这些人。"❷

---

❶　David Mechanic，Sources of Power of Lower Participants in Complex Organizations, *Administrative Science Quarterly*, Vol. 7, No.3 (Dec., 1962), p.361.

❷　Ibid, p.360.

（五）形成联盟

梅克尼克指出，在组织中存在许多权力的通道和获得权力的方式。沙夫瑞茨等指出："在复杂的组织中，不同职业的团体具有不同的功能，每个团体都在组织中保持自己的权力结构。"❶例如，医院有管理者、医务人员、护士、实验人员等；大学有教学人员、研究人员、管理人员等。组织中的人们都有不同的职能，组织中的每一个任务通常都是由一个特殊的圈子来控制着与任务相关的活动的。尽管组织的最高层对这些任务进行协调，但中层和低层与此不太相关。然而，在这些多元的结构中低层参与者很容易形成联盟，通过联盟来获得权力。

（六）通过规则来获得权力

梅克尼克指出，在一个具有复杂权力结构的组织中，低层的参与者可以利用一些规则来阻止组织的变化，获得某些权力。古尔德纳认为，科层制中的规则主要有以下作用：（1）替代监督。因为监督不仅要花费时间和付出努力，还会引起敌意和反抗。（2）替代直接的个人命令。规则是一种规定，标准化的规则可以加强遥控，触犯规则应当受到惩罚。（3）可以成为低层参与者讨价还价的筹码。❷低层的参与者熟悉组织和它的原则，这样，他们就可以用一些原则与上级管理者进行讨价还价。有些情况下，低层次的参与者把规则看成不合法的，这样他们就有可能不去遵守规则。

（七）在组织的时间和对组织的熟悉程度

韦伯在讨论组织的科层制时指出，在科层制中的任职者是有相当的权力的。科层制中的任职者是比较持久的，而公共事务中的更替相对来说是比较频繁的。因此，组织的任职者尽管拥有的位置较高，但对组织并不是完全熟悉的。科层制中的低层人员则对组织规则、运作和工作流程比较熟悉，他们利用这一点来对上层的管理者进行控制。❸韦伯的分析表明，科层制的持久性与对人事、信息和手段的增加有密切的关系。梅克尼克指出："在其他因素不变的情况下，组织的权

---

❶ David Mechanic, Sources of Power of Lower Participants in Complex Organizations, *Administrative Science Quarterly*, Vol. 7, No.3 (Dec., 1962), p. 361.

❷ Ibid, p. 362.

❸ Ibid, pp. 352-353.

力与获得人事、信息和设备的通道有关；在其他因素保持不变的情况下，参与者在组织中的时间越久，就越是增加控制人事、信息和设备的通道。"❶

（八）可替换性的程度

梅克尼克指出，低层参与者获得的权力与在组织中可替代的程度有关。低层参与者在组织中越是有不可替代性，较高层的参与者就越是依赖他。在组织中，一个很难取代的人比一个容易取代的人有更大的权力，专业人士比非专业人士具有更大的不可替代性，因此专业人士比非专业人士有更大的权力。

三、社会选择与权力的关系

詹姆斯·马奇于1966年指出，过去主要是从组织内部来研究权力的，但权力在涉及国家事务、团体决策、商业行为等过程中的社会选择问题中也起着重要的作用。马奇研究了社会选择机制与权力之间的关系，主要包括：（1）选择机制涉及的某些基本的组成部分，这些部分包括个体、团队、角色等。（2）某些权力与组成部分中的每个部分的关系。（3）选择机制对每个组成部分的反应与该组成部分权力大小的比例关系，这种关系是成正比的关系。

（一）对个体权力、团体权力和制度权力的研究

马奇指出，选择机制涉及的某些基本组成部分包括个体、团队、角色和行为等，对权力的研究包括个体研究、团体研究、制度研究三种方式。

1. 个体权力的研究

马奇指出，可以用牛顿力学研究个体权力。这种研究主要有以下几点。

（1）注重个体对他人的权力。"权力的大小与引起的变化成正比。个体的权力越大，引起的变化也就越大，也就更能成功地抵抗变化。"❷

（2）个体具有行为和角色结合的特征。对个体权力的研究不只是强调个体对他人的权力，也对行为权和角色权进行了区分，个体具有行为和角色结合的特征。

（3）个体的权力和权力引起的变化是可变的。①在实验的环境中，系统地、任意地改变某种专门的权力是可能的。②个体先前的权力在改变人们行为方

---

❶ David Mechanic，Sources of Power of Lower Participants in Complex Organizations, *Administrative Science Quarterly,* Vol. 7, No.3 (Dec., 1962), p. 353.

❷ James G. March, *The Power of Power*，转引自Jay M.Shafritz，J.Stever Ott, *Classics of Organization Theory*，Fifth Edition Wadsworth Thomson Learning，2001，p.329.

面是不固定的，它随着相关因素的变化而变化。❶

2. 对团体权力的研究

（1）权力对社会选择的影响有两条基本定律。马奇指出，牛顿定律在研究团体权力方面也是适用的。这两条定律是：除非权力对社会选择施加影响，否则社会选择将按照既定的轨道在原有选择基础上拓展；当权力对社会选择施加影响时，社会选择的轨道将会改变，选择改变的程度与权力是成正比的。❷

（2）个体权力影响团体决策。马奇认为，团体研究假设，团体的决策是团体中个体权力的拥有者对团体实施权力的结果，个体权力的集合产生了最后的结果。因此，可以从个体对团体选择的影响推断出团体中个体的权力。

（3）团体权力的主要特点是：①多数团体中的多数人是无权的，既不参与决策，也不积累权力；②权力和具有某些社会经济特征的所有权之间的关系；③权力的行使是专业化、能动性和权力拥有者的统一。第一，不同个体在不同事物的决策方面有不同的权力，某些人特别是领导在某些领域起着重要的作用。第二，有权的成员并不是必须要使用其权力，而无权的人却更活跃。第三，在权力较多的成员之间容易形成磋商、合作和协议，也可能会出现很多的不一致性。

（二）制度研究

制度的结构决定着它们内部的权力结构。制度研究是以政治学为基础的，但也需要以博弈概念为基础。马奇认为，从牛顿力学的观点来看，"权力是通过系统来引诱人们对选择进行修改的。对权力的度量是通过个体能够引诱系统对他提供有价值的资源的能力的程度来进行的"。❸权力是多个变量作用的结果。如特殊的位置、信息和智力等因素。

（三）社会选择与权力关系的六种模型

马奇指出，按照权力对社会选择的影响程度可以把社会选择与权力的关系分为下面六种模型。

❶　James G. March，*The Power of Power*，转引自Jay M.Shafritz，J.Stever Ott，*Classics of Organization Theory*，Fifth Edition Wadsworth Thomson Learning，2001，p.330.

❷　同上。

❸　Ibid，p. 332.

1. 不依赖于权力的随机选择模型

这种模型假设：（1）社会选择是随机的，完全不依赖于权力。（2）随机事件是影响选择结果的唯一因素。（3）选择会受到一些初始条件的约束。马奇认为这样的模型是大量存在的，如协商、平权和境遇模型。

（1）协商模型。协商模型假设系统有多种可供选择的结果。例如：a. 在双方争论过程中可能会达成的多种共识。b. 在确定的法律框架中可能有适合的各种协议。c. 在实验环境中规定的需要试验的选项中可能得到的各种结果等。

（2）平权模型。平权模型假设：a. 系统组成部分中的一整套初始位置的权力是平等的。b. 为确定社会选择而规定的程序是平等的。c. 社会选择进行的平等选择是在误差范围之内的。平权模型指出了社会选择在初始、程序和准确性三方面的平等。

（3）境遇模型。境遇模型假设：在社会选择的每个境遇中，只存在两种可能相反的选择结果，如输或赢、左或右，除此别无其他选择。

2. 权力作用的机械选择模型

这种模型假设：（1）系统的组成部分对系统行使所有的权力，系统是在这些权力的直接作用下进行选择的。（2）权力是真实、可控的，是按照预先规定好的程序运作的，权力的行使也会产生相应的结果，得到预期的结果。这种模型具有简单、确定、机械的特点。在所有模型中，"个体和社会选择的初始位置之间的距离与所讨论的两个个体之间的权力是成比例的。在两个个体以上，距离和权力之间的关系就变得更加复杂，它取决于应用到系统上的各种力的方向和幅度"。❶力的机械模型是基础，其他模型是在此基础上的扩展。

3. 权力作用的能动选择模型

这种模型假设：（1）并不是每个组成部分在每个时刻都行使权力。（2）权力是潜在的，权力的行使是能动的。能动性模型涉及潜在的权力和观察到的权力之间的关系。测量潜在权力和观察到的权力之间的关系有两种主要方法。第一，度量。在度量过程中，只需要去观察个体是否参与选择，而不是参与的程度。第

❶ James G. March, *The Power of Power*, 转引自Jay M.Shafritz, J.Steven Ott, *Classics of Organization Theory*. Fifth Edition Wadsworth Thomson Learning，2001，p. 332.

二，评估。一是用机会成本的观点。如果可以决定对个体行使权力的机会成本，就可以假定个体达到行使权力，如果假定权力行使与返回之间的关系，就可以使用机会成本来评估权力的使用。二是持续的潜在的权力可以假设为在所有选择时对权力的使用。

4. 权力的条件模型

这种模型与机械模型和能动模型都相像，不同之处在于用可变的权力资源取代了不变的权力资源。其基本机制是：（1）人之所以有权是因为别人相信他们有权。（2）人们被相信有权是因为他们被观察到有权。❶在这种模型中，可以假设成功孕育着成功，权力随时间的变化而变化。

5. 权力的消耗模型

这种模型假设：（1）权力是一种资源，权力的行使是对权力的消耗。（2）过去行使权力的结果会导致权力组成部分的变化。这种模型认为权力的行使是资源的消耗。研究表明，现在对权力的行使会影响到未来权力的行使。因此，权力的行使是资源的消耗，也涉及权力的影响。

6. 过程选择模型

过程选择模型，假设社会选择既不依赖于权力，也不是随机的结果。这种模型通过规定一些过程使选择得以进行，它包括下面几种模型。

（1）通过媒介交换的模型。这种模型假设系统中每个组成部分有某些优先的社会选项，系统也有选择的标准。在组成部分之间、组成部分与系统之间都存在不一致性。通过交换的媒介，使每个组成部分之间达成对各自有利的一致性，这种一致性和系统的选择标准一起决定着决策。

（2）通过组织信息和提高技能解决问题的模型。这种模型假设系统中的每个组成部分都有某种与社会选择问题相关的信息和能力，系统有解决问题的标准，在系统目前的状态和要解决的问题之间存在差异。为了缩小二者的差异，把系统唤起，把相关的信息组织起来，提高选择的技能。

（3）通过扩大信息交流进行学习的模型。这种模型假设系统的组成部分是

---

❶ James G. March, *The Power of Power*, 转引自Jay M.Shafritz, J.Stever Ott, *Classics of Organization Theory*. Fifth Edition Wadsworth Thomson Learning，2001，p. 337.

由正式或非正式的交流系统连接起来的，由此可以在整个系统进行交流。在交流的过程中，信息也并不完全畅通，也并不能全部、准确、及时地到达某个位置。通过扩大信息交流，改进行为方式，使信息可以准时达到应该到达的社会位置。

（4）复杂的决策模型。这种模型假设系统中的组成部分在社会选择方面有优先性，系统也有提供选择的程序。由于系统和组成部分在复杂多变的环境下和超负荷和的条件下运行，这就要求在复杂多变的环境下进行决策时，对决策者提出了更高的要求。

四、权力的有效性及其影响因素

罗莎贝斯·莫斯·凯特（R.M.Kanter）认为，"权力是调动资源（人力和物力）做事的能力，其真正标志是完成和实现"。[1]权力意味着有效性和能力，执行力是推动实现组织目标的重要组成部分，但在管理过程中存在权力的失效问题。因此，不仅要研究权力本身的问题，也要研究权力在实施过程中的失效问题。凯特于1979年研究了执行过程中权力失效的原因、影响权力的有效和无效的因素和程度，也指出了通过授权以获得权力。

（一）组织中拥有有效性权力的标志

管理者怎样才能算是在组织中拥有权力？凯特分析了与此相关的一些因素。这些因素涉及上下级关系、决策、经费、信息通道等方面的内容。她具体指出了在组织中拥有权力大小的一些共同标志。（1）在下属方面，在多大程度上能够为有才能的下属争取到一个较满意的职位，为下属争得到超过平均水平的加薪。（2）在人事方面，在多大程度上能够为组织中遇到麻烦的人说情。（3）在经费方面，在多大程度上能够争取到预算外的经费。（4）在政策方面，在多大程度上能够在关于政策的会议上得到日程中的一个项目、能够最早得到决策和政策变化的信息。（5）在决策方面，在多大程度上能够很快地、定期地、经常地接近最高决策者。

（二）有效性权力的来源

凯特认为领导的有效性权力主要来自在组织中的位置，而不是领导的风格。

---

❶ Rosabeth Moss Kanter, Power Failure in Management Circuits, *Harvard Business Review*（*July*, *1979*），http://hbr.org/1979/07/power-failure-in-management-circuits/ar/1.

凯特指出有效性权力是："得到所完成任务所必需的资源、信息和支持的通道。做事时所得到的合作的能力。"❶具体说来，有效性权力主要来自三个方面。

（1）供给通道。管理者能够获得组织所需的资源，如资金、材料和报酬，甚至是特权。

（2）信息通道。管理者有信息通道，并能够获取必要的信息。

（3）支持通道。管理者有支持者的通道，可以获得必要的支持。

（三）影响权力及其程度的因素

凯特不仅分析了有效性权力的三个基本通道，还具体分析了在权力实施过程中相关因素对权力的影响。从任务、位置、工作规则、人事、决策、问题的解决、上下级关系等方面分析了影响权力的因素及其程度。这些因素有的产生权力，有的则不产生权力，或者产生较少的权力。表6-1列举了这些因素及其影响程度。

表6-1　影响权力及其程度的组织因素❷

变量	产生权力的程度	不产生权力的程度
工作的规则	很少	很多
前任	很少	很多
常规	很少	很多
任务的变化性	高	低
可靠的/可预见的回报	很少	很多
对非常规的表现/创新的回报	很多	很少
对人的灵活使用	高	低
非常规决策需要的支持	很少	很多
自然的位置	中心	靠近
工作活动的公开性	高	低
任务与当前需要解决问题的关系	中心	边缘
任务的焦点	在工作单位之外	在工作单位之内
工作中人与人的接触	高	低
和上级官员的接触程度	高	低
参与项目和会议的情况	高	低

---

❶ Rosabeth Moss Kanter，Ower Failure in Management Circuits，*Harvard Business Review*（*July, 1979*），http://hbr.org/1979/07/power-failure-in-management-circuits/ar/1.

❷ 同上。

变量	产生权力的程度	不产生权力的程度
在参与解决问题中的作用	高	低
下属的前途	高	低

（四）导致权力失效的三种位置

凯特认为，权力并不是在任何时候和情况下都是有效的。组织中有三种位置就可以导致权力的失效。它们分别是一线管理者、专业人员和高层领导。

1. 一线管理者

凯特认为，一线管理者处在领导和一线工作人员之间，是最基层的管理者，组织任务的完成主要依靠它们。由于控制线的失控、信息通道的有限性、惯例性的工作方式等因素的限制，就会导致权力的失效。主要表现在：（1）密切地按照规则进行监督，主要是自己做事。（2）限制下属的发展，下属没有积极性。

2. 专业人员

凯特认为，专业人员自己没有可控制和支配的资源，在完成日常任务方面是没有优势的，只能把日常任务看成专业之内的任务，职业是封闭的，没有畅通的信息通道。专业人员在组织中也对别人的发展没有太大影响，也没有积累权力的途径。

专业人员为了克服无权的状态，就在组织内部形成一个独立的地盘并对此进行保护。如通过制定和控制专业标准来显示其权力。由于专业人员的发展是有限的，当达到最终的位置时可能就会变得保守，甚至抵抗变革，再退回到自己的专业化的地盘中去。

3. 高层领导

凯特认为，高层领导的无权主要有下面3个原因。（1）环境的变化。环境的改变，失去了对供应通道的控制，就会导致无权。（2）信息通道堵塞。由于高层领导处在较高的位置，与下属联系的信息通道有可能被堵塞，缺少信息，有时得到的是一种不真实、扭曲的信息，也会导致无权。（3）合法性受到挑战。由于合法性受到挑战而导致支持的减少，就会出现无权的状态。高层领导者的权力要通过社会中的合法性来支持，而这种支持来自于公众利益共同体的支持，当这种合法性受某种程度的挑战时，当支持的公众减少就可能会出现无权状态。

当然也并不是说这三个位置总是无权的，但是它容易受到一些因素的影响而导致无权。有权的领导通过分享权力可以部分地增加权力。分享权力不等于放弃权力，授权也不是放弃权力。通过给他人权力，领导人并没有失去和减少权力，反而增加了权力。在组织中，如果管理者可以使组织整体运作得很好，实际上也是增加了领导的权力。如果感到自己无权的领导能够让下属分享权力，他们的权力也会增加。

五、权力的主要博弈者及其博弈方式

亨利·明茨伯格（Henry Mintzberg）认为，组织行为是权力的博弈。博弈者是具有个人需要的影响者，这些博弈者试图控制组织决策和行动，在博弈中形成组织目标和利益分配机制。因此，为了理解组织行为，就有必要了解现存的影响者和博弈者在组织中所要实现的东西。明茨伯格于1983年对博弈者、权力博弈的方式等问题进行了研究。❶

（一）权力的主要博弈者

明茨伯格指出，权力的主要博弈者有以下十种。

（1）所有者。这些博弈者在组织中具有合法的地位。

（2）联系者。联系者包括资源的提供者、产品的消费者、贸易伙伴和竞争者。

（3）雇员的联盟。他们是通过经济的方式影响组织，通过言论影响决策和行动。

（4）公众和团体。团体可分为一般团体、特殊团体、政府机构，团体代表公众特殊或一般的利益。

（5）组织的高层管理者或一般的管理人员。

（6）操作者。

（7）基层的管理者。

（8）技术分析者。

（9）协同人员。协同人员对操作者和组织的其他人员提供间接的支持。

---

❶ Henry Mintzberg, *Power in and around Organization*, 1983, Prentice-Hall .Inc Englerwood Cliffs, pp.22-30.

（10）组织的意识形态。这是组织内部影响者所共有的、独特的信念和观念。

（二）权力博弈的方式

明茨伯格认为，组织行为是权力的博弈。组织是由多个影响者为实现各自的需要进行博弈而形成的。在组织的最初，有一组原始的影响者为追求和实现共同的使命结合起来，其他影响者为了满足各自的某些需要也相继被吸引并加入组织。由于影响者各自的需要不同，每个人都想使用自己的权力杠杆来控制决策和行动，他们决定着组织权力出现的形态。因此，要认识组织的行为，就要了解这些影响者，了解组织中的每个人要满足什么需要，以及他们是如何通过实施权力来满足这些需要的。在明茨伯格看来，权力的博弈需要将力、能量消耗和技巧3个方面结合起来。

（1）博弈的权力基础。

明茨伯格认为，权力主要来自：①对资源的控制。②对技术、技能、知识的控制。③合法的特权。④通向前面几个方面的通道，这种通道可能是个人的。❶

（2）博弈要消耗一定的能量。

权力的博弈，仅有权力的基础还不够，要成为一个影响者就需要个人付出努力，需要付出一定的能量。如果权力的基础是正式的，需要的能量则较小，多数情况是如此。如果权力的基础是非正式的，付出的能量就大一些，但有时也并非如此。由于付出能量才能达到目的，对那些具有重要权力基础的人来说，个人能量也是有限的，影响者将会集中在更重要的方面以及他们认为可以成功的方面努力。

（3）权力博弈需要政治技巧。

每个影响者都把赌注下在对自己影响最大的方面。影响者不仅要有权力的基础，要付出一些能量，还要运用一定的政治技巧。

（三）以出场的先后顺序进行博弈

明茨伯格认为，博弈者是按照出场的先后顺序进行博弈的。权力博弈包括10

---

❶ Henry Mintzberg：*Power in and around Organization*, 1983, Prentice-Hall .Inc Englerwood Cliffs, p.24.

种可能的影响者。影响者可以分为内部影响者和外部影响者。内部影响者主要是制定决策、采取行动和决定结果，这些结果表达了组织所追求的目标。外部影响者是利用他们自己的影响力来影响雇员行为的非雇员。这10类影响者按照出场的先后顺序可以分成外部联盟和内部联盟。外部联盟包括前4个影响者，内部联盟包括后6个影响者。

第三节　组织政治的特点及其作用

组织政治与组织发展的关系是一个新问题。安东尼·科布（Anthony T.Cobb）和马格里斯（N.Margulies）认为，组织政治本身无所谓好坏，它可以促进或者阻碍组织的发展，这取决于所采用的过程和追求的目标。他们于1981年探讨了组织政治的特点及其在组织发展过程中的作用。❶他们指出："组织政治可以被定义成运用权力去改变或保护一个组织的交换结构。交换结构是由组织的资源分配系统和具有决定资源用途的正式的权威的人组成的。"❷平衡的交换结构说明保持着现状，是合法的，而改变某种现状则是一种政治行为。他们指出组织发展是建立在价值、关于人性方面的知识和技术三个方面的基础之上的。组织发展不是自发的，而是通过顾问干预的。因此，需要建立干预组织发展的机制。组织发展中顾问具有政治支持，它主要是建立在价值和技术的基础之上的。组织发展领域的政治倾向性是由组织发展的顾问自己操作的，这也是组织的社会亚系统和政治亚系统的相互作用。

一、组织发展是政治亚系统和社会亚系统的相互作用

科布和马格里斯认为，政治亚系统与社会亚系统是密切联系在一起的。社会亚系统是为了说明组织顾问所熟悉的并在其中进行实际操作的亚系统。这个亚系统与其他亚系统共存为一体，其中的某一个可以称为政治亚系统。他们指出：

---

❶　Anthony T. Cobb，Newton Margulies, Organization Development: A Political Perspective, *The Academy of Management Review*, Vol. 6, No.1 (Jan., 1981), pp.49-59.

❷　Ibid, p.50.

"政治亚系统是由资源、位置和通过组织的权力流动所构成的。"❶因此，组织发展的顾问需要研究社会亚系统和政治亚系统的相互作用，包括政治亚系统是如何影响社会亚系统的。在社会亚系统中，哪些变化可以有效地推动政治亚系统的发展。这就需要在组织发展中不仅要考虑价值、技术基础，也要考虑政治亚系统和社会亚系统的关系，这些都是统一的。

二、 组织发展是价值观的发展，它是建立在特定价值取向基础上的社会亚系统和政治亚系统的相互作用

科布和马格里斯认为，组织发展都是以特定的哲学和价值取向为基础的。如理性主义、实用主义、存在主义、人本主义、人文主义、民主主义等价值取向都是组织发展的哲学基础。这些哲学中包含的基本价值取向有公平、公正、平等、合作、交流等。组织发展的顾问在推动组织的发展时也会受这些价值取向的影响，它也影响着组织干预的程度、手段和结果。

科布和马格里斯认为，顾问通过一定的方式促进社会亚系统和政治亚系统之间的相互变化。组织发展的顾问可以通过一定的方式创造有利于人的发展的社会环境，当事人系统在这个环境中可以使其人力资源得到最大利用，而人力资源得以有效发挥的基础在于参与和合作。决策的参与需要一种来自自由权力赋予的公民权，合作需要权力的交换、共享和民众认可。顾问要在社会亚系统中获得合作和参与，必须要在政治系统中发生一些根本性的变化，如减少组织成员之间的权力差异、使权力向参与决策的人转移、清除权力流动的结构性障碍和不同层次权威流动的障碍。顾问正是秉承这些组织发展的价值观，通过社会亚系统和政治亚系统的相互变化来推动组织的发展。在组织发展中，权力平等始终是组织发展的核心，也是顾问坚持的核心理念，它本身也体现着特定的价值观。它也贯穿在个人在组织中的政治地位、上下级关系、组织结构三个方面所体现的特殊价值取向中。

（一）个人在组织中的政治地位

科布和马格里斯指出，组织的发展也是个人的发展，它与个人在组织中的地

---

❶ Anthony T. Cobb，Newton Margulies, Organization Development: A Political Perspective, *The Academy of Management Review*, Vol. 6, No.1 (Jan., 1981), p.50.

位有关。个人在组织中的地位本身就是一个价值观问题，它与对人性的认识有密切的关系。对人性的假设不同，其建立的政治结构也不同。建立在X理论基础上的政治结构的特点是权力集中、排除公众参与。建立在Y理论基础上的政治结构的特点是权力分散、公众广泛参与。一般的组织发展顾问提出的价值取向是倡导公众参与，主张权力分散，这与Y理论是相一致的。因此，顾问在以此价值观推动政治亚系统的变化时，也是社会亚系统变化所需要的，这两者之间是一致的。

（二）领导方式

科布和马格里斯指出，组织发展与领导方式有密切关系。在组织发展中，存在一种领导方式，即上下级关系的价值取向，这种价值取向决定着上下级之间的合作和调整组织层次所需的权力交换。民主的领导能够促进参与和合作，独裁的领导则是压制参与和合作。因此，在组织发展中注重民主的领导，注重参与和合作的价值观，就会促进社会亚系统发生变化，从而使政治亚系统的变化得以完善和强化。

（三）组织结构的特性

科布和马格里斯指出，组织结构的亚系统和政治亚系统之间也是相互作用的。结构的亚系统对政治亚系统产生一定的影响。一般来说，有机组织结构有利于参与、合作和交流，机械组织结构则与之相反。如果采取有机的组织管理结构就可以引起政治亚系统的变化，这些政治亚系统的变化又可以促进社会亚系统的运作。

总之，组织发展的价值观本身就有政治作用，它影响社会亚系统和政治亚系统的相互作用。权力平等和民主领导的价值观贯穿在组织的不同的层面。这种价值观被坚持本身就说明它是被社会认可和接受的，它有助于建立有效的组织行为和促进个人的发展。顾问在干预时，应该发挥价值观的政治作用。顾问和当事人在解决不熟悉、复杂的、无结构的问题时，不能只考虑权力和位置，而应该充分发挥能够解决问题的人力资源的作用，需要社会亚系统能够具有参与和合作的特点，这种合作和参与就需要相应的政治亚系统的支持。

三、组织发展是干预技术和知识的发展，它体现的是社会亚系统和政治亚系统的相互作用

科布等认为，组织发展不仅是价值观的发展，也是技术的发展。这种技术可以分成两个部分：工具和技术，知识和技巧。

1. 顾问所使用的工具和技术

（1）角色技术。组织角色对位置的行为、决策的领域、法定权等方面进行了规定。角色技术可以在交换结构中通过促进某些变化来整合各种利益。角色包含了交换结构的许多成分，当顾问以这种角色去推动组织变化时，实际上也是通过在社会亚系统和政治亚系统内部的工作来实现其目的。

（2）谈判技术和整合利益的结构。一些技术和结构影响着政治亚系统的变化。如资源交换和利益整合的谈判既是技术，也是一种结构，它实际上是政治亚系统的变化，这种变化对社会亚系统也产生一定的影响。

2. 顾问的角色和作用

（1）交流和调解的角色和作用。

在组织内部，顾问可以在相互依赖但利益、价值观、认识和信仰不同的团体和小组之间进行交流和调解。在组织外部，顾问可以进行交流和调解。在可能的条件下，顾问可以进行利益整合。在不可能的条件下，顾问可以通过一定方式减少冲突。

（2）决策的代理参与者和公民代表的角色。

在组织的高低层次的参与者之间存在距离，在政治亚系统内部也存在较大的权力差异，顾问在解决这个问题方面起着重要的作用。对低层参与者来说，顾问是决策的代理参与者。对高层决策者来说，顾问是公民的代表。

（3）交流通道的临床角色与权力通道的政治角色。

组织发展的顾问可以在组织的多个层面和方位对不同阶层和集团的利益关系进行调节。不同阶层和集团都可以和顾问进行交流，这就可以促进政治亚系统有效运作所必需的权力的产生和转移。因此，顾问在实现社会系统中利益交换的过程中，扮演着交流通道的临床角色和权力通道的政治角色。

第四节　权力和政治的决策模式

杰弗理·普费弗（Jefftey Pfeffer）于1981年指出，权力和政治是理解组织行为的基本概念，是组织的基本特征，也是一种决策模式。

一、权力的特点

普费弗等人认为，权力具有以下几个特点。

（1）权力是一种力。权力是一个社会角色为实现其所期望的目标或结果时克服阻力的能力。

（2）权力是一种关系。权力是关系范畴，表示的是社会角色关系。

（3）具有相对性。一个人有权或无权不是抽象的，是在特定的社会关系中相对于其他社会角色而言的。

（4）权力具有纵向性和阶层性。如老板对下属或雇员的权力。

（5）权力具有结构性。权力是纵向的，这是权力的一个方面。但权力首先是一种结构现象，是分工和专业化的结果。沙夫瑞茨等认为，按照普费弗的观点，在代表不同的职业、教育背景、性别和年龄的人们之间的组织冲突主要集中在关于职业的权力、学术原则、不同性别和不同年龄的小组行使他们的对职业权利的认知，集中在控制做事的方式，集中在保护他们地盘和地位的问题上，通常并不涉及组织的目标。组织行为和决策并不总是理性的，并不都是为了实现特定的目标的，有的并不涉及组织目标。

（6）权力与权威既有联系又有区别。①权威是权力的来源之一，但不是全部的来源。"合法的权威"和正式的规则是重要的，它能够确保组织实现既定的目标，但权威不等于权力。②权威是权力的合法化。当某种权力的分布能够被社会所接受、认可甚至喜欢时，权力就合法化并变成权威。

二、组织政治的特征

普费弗指出，组织政治是"在组织内部存在选择的不确定性和不一致时，获取、发展和使用权力和其他资源以达到所期望的结果所采取的行动"。[1]它的主

---

❶　Jeffrey Pfeffer, *Understanding the Role of Power Decision Making Power in Organizations* (Marshfield，Mass:Pitman Publishing 1981)，转引自 Jay M .Shafritz，J.Stever Ott，*Classics of Organization Theory*. Third Edition，Brooks Cole Publishing Company，1992，p.407.

要特征有以下几点。

（1）它是克服阻力的活动。"政治活动是一种克服阻力的活动。"❶

（2）它具有目的性和行动性。组织政治是围绕着权力的获取和使用进行的，是行动中的权力的体现。

（3）它具有利益性。组织政治是强化和保护自身利益的活动。

权力与政治有着密切的关系。普费弗认为，权力是一种力，可以对事物产生影响，政治是在组织环境中发展和使用权力的活动和行为。权力是系统中的静态的性质，而政治是动态的，是实施权力以达到某种目的，以及为扩大权力或权力实施的范围所采取的行动。

三、权力和政治决策模式的特点

普费弗等指出，权力和政治是一种组织决策模式。它主要有以下特点。

（一）决策是由权力而不是目标、惯例、机会等决定的

权力和政治的决策模式认为不存在组织的整体目标，即使存在这个目标，决策的制定也和最大化的实现这个目标无关。当在组织内部存在选择的不确定性和不一致时，就需要采取行动去获取、发展和使用权力和其他资源达到期望的结果。决策的结果不是由目标、先例或机会来决定的，而是由社会系统中权力的大小决定的。

（二）决策是组织内部亚单位和亚组织的多元利益博弈的结果

普费弗认为，组织是由多元的、具有不同利益的亚单位和亚组织组成的，它们之间存在矛盾和冲突，决策过程是各方利益的博弈过程。这些亚单位和亚组织经过协商和妥协，最终可以达成比较一致的决策，决策的结果很少能反映某个具体的亚单位和亚组织的利益。

（三）在决策结果中，权力的大小与所获利益的大小有关

普费弗指出，在组织中存在各种要求，当这些要求发生冲突时，不同社会角色的权力决定决策过程的结果，但权力最大的亚单位、亚组织和个人在这个过程

---

❶ Jeffrey Pfeffer, *Understanding the Role of Power Decision Making Power in Organizations* (Marshfield，Mass:Pitman Publishing 1981), 转引自 Jay M .Shafritz, J.Stever Ott, *Classics of Organization Theory*. Third Edition，Brooks Cole Publishing Company，1992，p.407.

中获利最大。

（四）权力影响着资源分配和流转的决策

普费弗指出，科层制对资源的分配是建立在对行为和表现的标准的评估和以目标为导向的基础上的，资源的分配和转移是为了能够更好地实现组织目标。权力能够影响资源分配和流转决策，可以影响在稀有资源分配产生矛盾时解决优先权问题的决策。

第七章　组织与文化的形成、特征和变革

组织成员的行为是非常复杂的，影响行为的因素很多。有的认为正式的规则、权威的理性决定组织行为。有人认为是动机、利益决定组织行为。这些看法都有一定的合理性。从文化的观点来看，许多组织的行为和决策是由组织文化控制和决定的。因此，要正确认识组织行为就要研究组织文化。对组织文化的研究最早从20世纪50年代就已经开始，在20世纪八九十年代成为组织研究的主题，直到现在仍然是组织研究的重要内容之一。对文化的研究包括组织文化的特征、形成、保持和变革等内容。组织文化涉及组织的深层方面，体现了组织更深层的本质，对组织文化的研究，进一步深化了对组织本质的认识。

第一节　概述

一、历史背景

（一）组织形式的变化

组织文化与组织形式的变化有密切的关系。随着社会的发展，组织形式也发生了重大的变化。传统的等级性、垂直性、控制严密的组织逐渐为网络的、扁平的、松散的组织所取代。组织结构的重要性正日益减弱，这就需要从文化方面来研究组织。

（二）管理实践中提出的重要问题需要对组织文化进行研究

文化问题是当时管理实践中遇到的重要问题。管理者发现，组织管理者遇到的许多问题并非与经济、政治等因素相关，而是与文化有关。把文化提到组织管理的高度来研究，对于回答实践中提出的管理问题具有重要意义。

（三）后现代主义的影响

后现代思潮对组织有重要的影响：（1）强调文化的作用。（2）强调社会领域的建构性。后现代主义者认为，社会领域是建构起来的，对社会领域的认识在于解释。由此看来，可以把组织文化看成是建构起来的。（3）强调组织构成因素的多样性。在后现代主义者看来，组织越来越开放，构成因素越来越多，也越来越呈现出多样性、丰富性。由此来看，组织文化也是多样的。

（四）文化的变革是时代的要求

组织文化的变革最早是与特定的时期联系在一起。最早与20世纪50年代美国的戴明对日本的访问有关。随着社会竞争的加剧，现代技术的发展，社会变革的加剧，组织文化的变革就成为全球性的普遍的社会现象。组织文化的变革就是要增加组织的有效性、竞争性、灵活性和应变性。

（五）全面质量管理和客户服务运动促进了文化变革

20世纪80年代，全面质量管理和为客户服务成为一个重要的运动。在此过程中，质量的含义也发生了变化。早期的质量主要是指持久性或可靠性等某方面的特征。后来的质量也包括减少浪费、与顾客合作、人力资源的管理等。新的质量主要是指关注顾客、不断改进、协调配合。全面质量管理和为客户服务运动就是要以持续地改进生产和服务为目标，它要求雇员和管理者都要努力提高质量，不断创新和改进生产和服务体系。

（六）组织学习促进了组织文化的变革

组织学习与组织变革密切相关的。组织学习是一种集体的、多层次的、是为适应环境的变化而进行的活动。组织学习强调在变化的环境中，要改变知识、价值观和行为方式，从而适应变化的环境。阿吉里斯等提出了3层学习模型：第一层是单循环的适应性学习，这种学习是通过检查组织的行为原则、政策中的错误等来保证组织目标的实现。第二层是双循环的学习，这种学习不仅是适应性学习，也包括重构组织运作基本方面的建设性的学习。第三层是三循环学习，这种学习包括对组织原理进行质疑，并进行彻底的改革。❶伯恩斯认为，组织学习是组织具有的适应、影响和创造环境的能力，通过组织学习可以形成组织，并创造组织的环境。

二、组织文化研究的简要过程

20世纪50年代主要关注工厂文化。如在当时出现了"组织文化""工厂文化"等词汇，但对这些概念的内容和实质没有做深入的研究。如贾克斯在1952年指出工厂文化是它日常思考和做事的方式，它为工厂的成员所分享，新成员必须学习和至少部分地接受。

60年代和70年代初主要研究职业组织文化。如开始对组织和职业文化进行研究，也开始关注个人和文化之间的协调问题。70年代后期，有些人开始从符号结构的角度来研究组织文化。

80年代是组织文化研究的大发展时期，这时对组织文化的研究从多方面展开。特别是沙因对组织文化进行了较为系统的研究，其观点得到广泛的认可。他在1985年对组织文化做了较为系统的论述，指出了组织文化的本质和组织文化3个层次的模型。

汉迪（Handy）于1986年指出，组织文化是关于如何组织工作的一整套深层的信念，是行使权威、奖惩和控制的方式。他指出，组织中有四种文化类型，每种文化都与特定的组织结构相联系。这四种文化分别是：（1）角色文化，或者叫科层文化。这种文化是以程序和规则进行控制的，比较适合科层制结构和具有机械的、严格的结构的组织。（2）任务文化。这种文化强调工作的完成。人们是按照小组来工作的，组织结构一般是矩阵式的、网状的。这种文化把专家的权力看得比位置的权力更重要。（3）权力文化。这种文化产生的组织结构是，一两个人居于权力中心，资源权是主要的权力，强调实现结果。（4）人的文化。这种文化强调个人应该做他们所擅长做的事，这种权力像专家的权力，但更强调

---

❶ ［英］Bernard Burnes：《变革时代的管理》，任润、方礼兵译，云南大学出版社2001年版，第180页。

个体性，认为组织是为个体而存在的。❶

霍夫斯泰德在八九十年代对文化差异进行了研究，提出了民族文化的一些维度。这些维度是：个人主义或集体主义的程度、权力的距离（如集中的程度等）、容忍或避免不确定性的程度。根据这些维度，霍夫斯泰德指出可以把工业化的国家大致分为四种类型：第一种类型，以集体主义、意见一致和价值观的分散化为基础的文化，如斯堪的那维亚半岛上的一些国家（主要是丹麦、瑞典和挪威）。第二种类型，重视效率、国家机器运行良好，并设法减少不确定性的文化，如西德（统一之前）、瑞士和奥地利。第三种类型，处于前两种类型之间，但他们对社会中强有力的个人和成功者给予很高的评价。如英国、加拿大、美国、新西兰、澳大利亚和荷兰。第四种类型倾向于官僚主义——金字塔结构——权力距离较大，如日本、法国、比利时、西班牙和意大利。❷

20世纪末到21世纪，对组织文化研究的内容越来越深入，范围越来越广。特别是信息技术的发展使组织文化具有了更新的特点，对组织文化的研究也将会继续下去。

三、研究的主要内容

（1）组织文化的形成和保持机制。组织文化的形成和保持有多种方式。

（2）组织文化的特征。组织文化有不同类型，不同的组织有与此相适应的不同的组织文化。

（3）组织学习、学习型组织与组织文化。它们之间有密切的关系。

（4）组织文化的变革和转型。包括组织文化变革的形式、影响变革的变量、文化转型等。

四、研究方法

（一）定性的方法

组织文化的研究者反对结构和系统的组织理论所使用的定量的研究方法。他们认为不能通过研究组织结构或系统要素来理解组织行为，也不能通过定量的方

---

❶ G.A.Cole, *Personal Management Theory and Practice*, Second Edition, D P Publications Ltd Grand Union Industrial Estate—Uint 6，pp. 51-52.

❷ [英] Bernard Burnes：《变革时代的管理》，任润、方礼兵译，云南大学出版社2001年版，第218页。

法来测量无意识或基本假设，因此他们主张使用定性的方法。如人类学和主观介入观察的方法，强调模糊性、不确定性、整体性等。

（二）多种方法的综合

组织文化的研究是以现象学、符号相互作用论、人类学、生态学和批判论为学术传统，综合应用了多学科的概念和研究方法，也采取了跨学科的研究方法，把人种学、人类学、文化人类学、符号学、解释学等方法综合起来。

（三）重视实践和实践者的认知方式

文化的观点主要考虑的问题深深地植根于教育组织和环境的过程。它假定背景和个人有同等的地位，个人不是环境的主人，而是环境的一部分。

（四）哲学的方法、思辨的方法

有人认为对组织文化的研究应该采取哲学、思辨的方法，因为对文化的研究是不能通过观察得出来的，必须要从哲学和思辨的角度来研究。

五、影响组织文化的变量

（一）个体

个体影响组织文化的形成，不同的个体、不同的个体的组合都对组织文化有不同的作用。

（二）领导

沙因指出领导对组织文化形成有重要作用。领导的风格不同，文化就不同。

（三）环境

环境的差异、变化都影响文化的形成。

（四）技术

技术特别是现代技术对组织文化的形成和改变起着重要的作用。

（五）职业和性别

职业和性别的不同影响组织文化。

（六）亚组织

组织中存在着亚组织，不同亚组织和亚组织之间的相互作用影响组织文化。

（七）亚文化

组织有整体的文化，同时不同的部门、团体、小组又都有自己的亚文化。亚文化对组织文化的形成和变革有重要的影响。

六、基本假设

（1）组织成员的个人意志不是由正式的规则和权威体系及理性行为模式所决定，而是由文化模式、价值观、信念及基本假设所决定。

（2）现实是由人的习惯创造的，组织管理的活动是人工的产品。塞万高尼认为，在研究组织时，强调理解而不是解释；在为事件和活动创造意义，而不是描述。对组织中正在发生的事物所进行的意义的解释比实际所发生的更重要。

（3）不同的组织有不同的文化，要理解组织就必须理解文化。组织中的许多问题是由文化引起的，要解决这些问题首先要解决文化问题。

（4）模糊性和不确定性是组织中存在的一般性问题。符号可以减少模糊性，也可以在不确定性中达到一定的确定性。

（5）意义的产生有多种形式。有的是从环境背景中产生的，有的是由符号本身携带的，如词汇、短语、管理信息系统、故事、传说、仪式等。

（6）组织中并不存在唯一、最好的方法，从组织文化的观点来看，组织是多样的、不一致的。

（7）组织是一个整体。组织的产生和发展是人与自然、人与社会、人的行为与特殊的组织背景、组织与亚组织、组织与环境、心理层面与社会层面、主观与客观等因素相互作用的结果。

七、组织的观念和概念

（1）组织是多元文化的系统。

（2）组织可以被看成是产生文化的环境。

（3）组织是作为拥有一系列组织活动、语言和其他表达的共同意义的符号媒介所共同理解的独特的社会单位。

（4）组织是共同意义系统。

（5）组织是人工实体，是由人创造的。

（6）组织是宗族系统。

（7）组织是文化实体。

（8）组织是人类的团体。

（9）组织是重要的联系和赋予生命潜能的中心，它包括关系、合作者、联盟和不断扩张的知识和行动的网络，具有把这些力量结合起来的能力。

第二节　组织文化的形成和保持

一、由结构形成和保持组织文化

美国的安提奥兹（Antioch）、理德（Reed）、斯沃斯摩尔（Swarthmore）三所大学在20世纪20年代至60年代经过近40年的努力，从一般的大学成为美国文科教育的优秀代表，这种成功是因为在这几十年中形成了优秀的组织文化。伯顿·克拉克（Burton R. Clark）于1970年通过这三个学院的成功案例，分析了组织文化的形成和保持机制。他认为，组织文化的形成和保持是领导、组织成员、目的、环境、实现方式等多种因素之间的复杂的、持续的相互作用的结果。

（一）通过把观念转化成传导结构创造和形成组织文化

克拉克以大学文化的形成为例，指出组织文化是"由个人或一小部分人在正规的和有开放结构的传导性环境中创造的"。[1]在这个过程中，通常是组织的领导人或小组提出新观念和任务，在此基础上设计和建立能够实现这种目的和任务的开放性结构，并强化其环境的传导性，这种结构体现的是整个组织成员的意志。它可以分为两个阶段。第一阶段是提出新观念。一般来说，通常是由学院的院长或一个小组提出关于大学发展目标和战略的新观念。这是大学文化形成的基础。第二阶段是设计和建立开放的结构性传导环境。如大学文化的创立，就是由校长或一个小组提出关于大学发展目标的新观念和新任务，在此基础上设计和建立一个体现这个目标的开放的传导性结构，它体现的是这个大学组织中成员的意志。

由此，克拉克指出，大学的建设并不仅仅是要增加经费、建设校舍、招聘教授、组织课程和管理学生，组织文化的建设也是大学建设的重要内容。大学的建设要反映一定的教育目的和社会价值观，并通过一定的组织设计来反映和表达这

---

[1]　Burton R.Clark, *The Distinctive College*, Originally Published 1970，By Aldine Publishing Company, Transaction Publishers，1992, p.255.

种社会的价值观，把人、事件、条件有机地结合起来。

（二）组织文化是由连锁的、稳定的结构来保持的

组织文化要通过组织内外大量的人通过持久的、组织的许多连锁的稳定结构来保持。克拉克指出，大学文化主要是"由校内外大量的人通过持久的组织的许多连锁部分来保持的，具有权力的教工群体是这个连锁的稳定结构中的关键结构"。❶高级教工成员的群体是一个共同的权力中心，它们具有决定组织是否变化和变化的方向等方面的权力，其中的每个人都对大学文化的形成起着重要的作用，这个群体也起着保持大学文化的作用。组织文化一旦形成就有一定的稳定性，它不会随着群体成员的更替而改变。组织成员可以不断更替，但大学的传统和价值观仍然是可以保持的。

（三）通过特色的吸引力来保持组织文化

克拉克认为，任何组织都有自己的文化特色，特色的文化是具有吸引力的。如大学的特色文化会吸引人们加入其中，甚至会抗拒对追求名利的诱惑，也会使组织成员、学生稳定下来自愿地为组织工作，这也有利于组织文化的保持。

（四）通过组织存在的有利条件保持组织文化

克拉克认为，组织目标的共同性和较小的组织规模有利于组织存在的基本条件。组织共同目标的存在，有助于组织整合性的提高。当组织的规模较小时，可以使陌生的人能够突破专业化和正式组织中固有的分工体系。在较小的组织中追求共同目标比在大组织中实现多元目标更容易形成团体。这种条件可以促进组织系统的相互作用和相互促进，这就容易使人形成整体感，有利于文化的保持。

但组织规模大并拥有多元目标也可以形成相对强大的团体，也可以保持文化的特色。如哈佛大学、耶鲁大学的规模较大并拥有多元的目标，但仍然具有团体意识和鲜明的文化特色。一般的学院通常是传统较短、增长速度很快、学术地位中等、促进相互作用的结构脆弱。在这种条件下，组织的规模较大且具有多元化的目标就会降低团体意识和整体性，也不利于特色文化的保持。

---

❶ Burton R.Clark, *The Distinctive College*, Originally Published 1970，By Aldine Publishing Company, Transaction Publishers, 1992, p.256.

（五）通过内化的价值观以及个体与领导、个体与组织融为一体来保持组织文化

克拉克指出也可以通过下面两种方式来保持组织文化。（1）通过内化的价值观来保持组织文化。大学文化可以内化为一种价值观，这种价值观可以自觉地驱动人的行为。组织中个体和小组的行为不仅靠利益驱动，还需要有正确的理想和勇于奉献的价值观。这种价值观有助于增强组织的凝聚力，使组织不断取得成功，也有利于组织文化的保持。（2）可以通过把个人的行动与有使命感的领导相结合，把个体和组织融为一体来保持组织文化。只有把个人的行动与有使命感的领导结合，把个体和组织融为一体，组织才能取得成功并得以持久地保持，这样也才能保持组织文化。

（六）保持组织文化就要不断克服僵化

克拉克认为，特定的组织文化在取得成功之后就成为一种固定化、模式化的东西，最后也有可能变得停滞或僵化。要避免把特色化、模式化变成僵化，就要做到：（1）要有开放的心态，不断适应新的变化。特色的形成本来就是适应外界环境的变化的，随着环境的变化，也不应抱住某种固定的模式不放。（2）要不断接受新挑战，不断吸收新思想、新观念。（3）要有危机意识。危机感使组织认识到现有的特色已经不能适应未来的变化，因此也有了压力，这样就会促进人们去改革。

克拉克还指出，组织的失败也从反面说明了组织文化的形成和保持机制。一般来说，组织失败主要原因有以下几点：缺少具有使命感的人、缺少创立和最早制定出使命的结构性传导条件、脆弱的制度化结构。这三个方面也从反面说明了组织文化的形成和保持机制。

二、通过符号机制形成和保持组织文化

琳达·史密克西（Linda Smircich）于1983年从符号的角度研究了组织文化的形成和保持。他指出："组织是作为共同意义的系统存在的，是通过符号过程使共同意义得到发展和保持的。"❶他以一家保险公司为案例，分析了保险公

---

❶　Linda Smircich, *Organizations As Shared Meanings*，转引自 Jay M .Shafritz，J.Stever Ott, *Classics of Organization Theory*. Third Edition，Brooks Cole Publishing Company，1992，p.520.

司行政小组的共同意义的形成过程，概括了一般组织中共同意义的形成和保持问题。

（一）共同意义的形成

史密克西指出组织中共同意义系统是由两方面形成的。

（1）共同意义是由组织中主要领导者行为、成员的参与、领导培植的特殊符号形式所规定的。这些符号包括组织的仪式、标语、词汇和组织领导人的行为模式等。如仪式是标准化、格式化重复的行为模式，组织日常生活中的一些仪式是有意义的并且对组织成员也具有不同的意义。图像、标记、旗帜等符号，都代表一种形象，具有特定的意义，也象征着组织中重要领导人的意图，也是解决组织中存在问题的一种方法。口号的象征性为组织成员提供了理解他们经验的共同方式。词汇的选择使组织中的领导和成员在面临组织中的问题时，形成对意义的共同理解，使领导和成员的行为方式达到这种共同意义系统，为组织成员提供了一种组织文化。在共同意义系统的形成过程中，组织中的主要领导是共同意义系统形成的中心人物。

（2）共同意义是历史的产物，是组织中人与人、人与环境相互作用的结果。斯摩克西认为，对特定组织的认同、对组织的目的和方向的共同的理解，是特定组织发展的产物，是组织中人与人相互作用、人与环境相互作用的产物。

（二）共同意义是靠符号系统保持和发展的

1.由符号系统进行交流和传递

共同意义系统是由符号系统组成的。各种仪式、标语、口号等符号系统可以把共同意义传递下去。如保险公司每周一举行的例会，尽管在多数员工看来是没有太多实质性的内容，但这种符号形式有利于文化的保持。

2.共同的经验系统有利于组织文化的保持

共同意义系统是组织成员在个体与个体、个体和环境的相互作用中形成的，它是成员对世界的看法和对自身形象的认识，是成员理解他们经验的系统。在共同的组织系统中，成员可以产生共同经验系统，也可以对这一系统进行解释。通过对共同经验的解释，使成员可以更好地理解日常的活动和事件，解释他们所处环境。组织成员需要这种共同的经验系统，这种经验系统有利于文化的保持。

3. 符号为组织成员的经验赋予形式和一致性

组织的符号如仪式、标语、口号、词汇、领导的风格等形成的共同意义系统为组织成员的经验赋予形式和一致性，这种一致性的意识对于保持组织活动的连续性是必要的，成员之间的相互作用可以不需要对意义进行重新解释。

4. 共同意义系统的稳定性有利于文化的保持

共同意义一旦形成就具有稳定性。史密克西认为："组织发展起来的共同意义系统使小组产生了自己的精神或者鲜明的特色，他们以信仰、活动语言或其他符号形式表现出来。通过这种方式，组织成员创造并保持了它们对世界的看法和它们自身在世界中的形象。"❶组织在这一过程中所形成的独特的认识和观念具有一定的稳定性，它在主要的活动者离开组织之后和环境变化之后，仍然对组织的存在和发展产生重要的影响，使传统具有稳定性和连续性。

5. 文化的人工产品成为组织现实的一部分

共同意义系统是由符号系统构建的，是文化的人工产品，但可以成为一种组织现实，融入组织发展过程中并且被保留下来。史密克西指出，组织的共同意义"反映着历史环境、重要事件和关键人物的独特贡献和意愿，它在社会的过程中产生，一旦形成之后，就成为现实组织的一部分"。❷

（三）对保险公司共同意义系统形成和保持的分析

史密克西从仪式、口号、词汇这些符号对一家保险公司的共同意义的形成和保持进行了分析。这家保险公司的共同意义系统是受公司的发展、公司领导的更替和总裁的风格三方面的影响而形成的。这家保险公司是合并了不同单位建立起来的，公司的领导也不断更替，公司总裁的工作风格是掩盖问题，在公开场合维持表面的一致性和礼节。由于公司成员之间的差异和冲突越来越大，甚至影响到组织的生存。为了维持组织的存在，就需要有一种维持一致性、统一性的精神，这就是共同意义系统。在这种维持表面一致性的共同意义的系统形成过程中，总裁及其工作风格在这种共同意义的形成中起着重要的作用。史密克西从仪式、口

---

❶ Linda Smircich, *Organizations As Shared Meanings*, 转引自 Jay M .Shafritz，J.Stever Ott, *Classics of Organization Theory*. Third Edition，Brooks Cole Publishing Company，1992, p.520.

❷ Ibid, pp.525-526.

号和词汇具体分析共同意义的形成。

1. 从周一例会的仪式看

这家公司每周都举行工作人员的例会，向总裁做工作汇报。工作人员知道总裁喜欢员工冷静、平静、谦逊，不喜欢太多的争论。人们静静地坐在那里，发言也不触及本质性问题，工作人员认为讨论的问题只是停留在表面，会议是一种形式和仪式。周一的例会这种仪式体现着总裁的风格，维持着表面的一致性。

2. 从保险公司提出的口号看

这家公司为了避免由于公司副总裁的去世而导致公司分裂，提出了"一起转动"的口号，力求创造一种新的公司形象。人们在平台上安放了一个车轮，轮子上的不同辐条代表保险公司的不同部分。这个形象最初是体现销售竞赛的主题，用来表达在外面的代理人和内部工作人员的协作关系，后来也成为总裁讲话的内容。人们认为由于副总裁去世使工作人员之间的冲突日趋表面化，总裁想以此来加强凝聚力。车轮的象征意义和"一起转动"的口号，表达了相互依赖和协作的精神。这种象征性的符号说明了组织的不同部分缺乏实现共同目标的合作精神，它抓住了工作人员的注意力并提供了理解他们经验的共同方式。总裁用车轮作为象征性的符号，就是鼓励人们相互协作。这些象征就构成了总裁语言的一部分，反映出了总裁的风格和特点。通过象征性形式和总裁个人的活动，保险公司注重表面一致性的精神被保留下来并占主导地位。

3. 从使用的词汇看

这家公司使用了"挑战"这个词汇来维持表面的一致性，并以此来掩盖问题的本质。有的工作人员认为选择"挑战"一词意味着问题的存在。也有人认为，这是一个借口词，是一种温和的方式。总裁认为，"挑战"一词用得较多，当人们有问题或组织有问题时，通常被看成是一种挑战。词汇的选择是为了适合和协调多数人的行为方式，成员可以通过不断地对意义进行协商从而达成一致，它有助于组织共同性的保持。在这家保险公司组织中，成员对"挑战"一词实际上是有着共同的但并没有公开讲出来的一致性。

保险公司的这个案例说明作为共同意义系统的组织的形成过程。这个组织中的行政小组为了解决组织的合并、领导人的更替所带来的问题，采用了包括总裁风格在内的一整套符号体系，使组织成员也具有这种特征，这就构建了组织共有的意义系统。这个组织不仅是人工产品，而且也是现实存在。

三、由社会和个体建构组织文化

路易斯于1983年指出，文化是对意义的解释，组织是"具有鲜明特征的社会单位，它拥有一系列对组织活动、语言和其他表达共同意义的符号媒介的共同理解"❶。他分析了组织文化的社会建构和个体建构过程。

（一）意义产生的三个层面

在路易斯看来，文化是对意义的解释，"意义是通过对本来的位置的解释过程产生的，这个过程包括普遍的层面、文化的层面、个人的层面"。❷

1. 普遍的层面

它包括：（1）广泛的客观现实。（2）自然的可能的意义。（3）每个事件之间的相关性存在。❸在普遍性的层次上，意义是先在的。

2. 文化的层面

（1）潜在的、隐含的意义。（2）与地域社会团体相关的关系。文化具有主观间性。

3. 个人的层面

个人在环境中形成了特有的文化编码，用这种个人编码解释事物就产生了意义。个体具有主观性。

路易斯认为，对意义的解释是从普遍性到个体性的过程。（1）从相关的普遍性开始。（2）适合社会群体的包含可能意义的文化编码体系的产生。（3）个体成员相应的文化编码的形成。在普遍性的层面上意义是先在的，在文化和个体的层面上意义是可以解释的。

（二）组织文化的社会建构

路易斯认为，从社会建构的层面看，可以通过研究社会系统的历史、共有

---

❶ Meryl Reis Louis, *Organizations as Culture—Bearing Milieux*，转引自 Jay M .Shafritz，J.Stever Ott，*Classics of Organization Theory*. Third Edition，Brooks Cole Publishing Company，1992，p.509.

❷ Ibid. p.510.

❸ 同上。

的观念和符号系统来研究文化的建构和发展。组织文化的社会建构包括下面两点。❶

第一，社会系统是意义编码的来源。人的行为模式是由特定的社会观念决定的，意义的编码对行为方式的形成起着重要作用。社会观念构成了特定的价值体系，这种价值体系可以建立目标，规范行为，进行价值判断。

第二，社会观念体系是文化的人工产品。社会观念体系是由特定的意义结构体现。文化是由社会观念系统和符号设计系统构成的，当这些符号设计用于局域文化时，就成为这种文化的人工产品。

路易斯认为，组织文化对社会有重要的影响作用，这种作用主要有三点：（1）控制作用。文化可以为社会系统提供稳定、连续的价值目标，由此来对组织成员进行控制，也可以对社会进行调节，使社会能够正常运行。（2）协调作用。文化包含着社会全体的认同，可以增加社会群体的认同感，也可以协调成员之间的行为，使成员之间和成员与外部环境之间和谐相处。（3）解释和指导作用。由于社会观念和传递这些观念的口号是在组织的社会体系中自己生长出来的，对此成员是熟悉的，因而它可以帮助成员解释经验和指导行动。

（三）组织文化的个体建构

组织文化是由个体建构的，个体建构包括下面三点。❷

1.意义是个体在协商中形成的

就人类看，人类的活动并不是盲目的，是有特定的价值取向的，是在对他们有意义的事物的范围内活动，这些意义是主观性的产物。就个体来看，意义是社会中的个体在不断协商的过程中形成的。在协商的过程中，意义的产生，一方面是经验的产物，由此来控制个体活动的方向，另一方面，意义的产生是讨价还价的过程，是对不同部分相互作用的过程中所产生的不同意义的选择过程。

2.从个体化角度来理解社会文化

社会文化的形成过程对个体起着导向作用。在这一过程中，对社会文化的理

---

❶ Meryl Reis Louis, *Organizations as Culture—Bearing Milieux*，转引自Jay M .Shafritz，J.Stever Ott,*Classics of Organization Theory*，Third Edition，Brooks Cole Publishing Company，1992，p.512.

❷ 同上。

解、解释不是客观的，而是从个体化的角度来理解的。不同的个体对社会文化的理解是不同的，不同的个体也是按照其所处的社会位置和目的来解释社会文化。

3. 从个体化角度来描述地域性的社会观念

从个体来看，对地域性社会观念的描述是个体化、个性化的。

路易斯认为，个体文化对个体行为起着重要的作用。（1）确定和关注个体的行为。来自意义系统的个体文化促进了对行为的认同，这些行为来自经验。（2）个体的文化也引导着个体去关注值得评价的行为的特征。（3）评价和指导个体的行为。文化可以为个体提供评价行为特征的标准，也可以解释和指导个体行为。

四、组织环境对文化的作用

路易斯认为，文化是一种意义，这种意义在于解释。他于1983年进一步分析了组织环境对文化的产生、变化的作用。

（一）组织环境持续地为文化发展提供着聚集性的环境

路易斯指出，可以"把组织看成是产生文化的背景"❶。组织环境就像培养皿一样，持续地为文化在其中的发展提供着聚集性的环境。组织环境能否促进、在多大程度上促进一种局域文化的发展取决于多种因素。有些组织环境可能会促进文化的发展，有些则是不利于文化的产生。在成员的介入是纯粹工具性的而且行为是个体化的环境中不利于文化的产生。霍尔（Hall）把这种环境称为在社会层面上的低情境化的环境。"多元的、相互重叠的文化可能是在任何组织当中产生，它与聚集在组织活动中自然的、社会的、认知的、多元的环境有关。 具有鲜明特征的地域文化也可以在组织组成部分的一些单位中的每个单位和组织环境层面上的分单位中产生。"❷总之，组织提供着一种环境，文化在其中并通过它得以产生和发展。

（二）组织环境的一些特征可以促进局域文化的发展

路易斯认为，组织环境的特征可以促进局域文化的发展。这些特征包括：

---

❶ Meryl Reis Louis, *Organizations as Culture—Bearing Milieux*，转引自 Jay M .Shafritz, J.Stever Ott, *Classics of Organization Theory*. Third Edition，Brooks Cole Publishing Company，1992，p.513.

❷ 同上。

（1）成员的稳定性。（2）成员对新组织的认知和对关键人物人格的认同。（3）主要成员的观念或框架。（4）对成员资格的限制。（5）组织边界的封闭性等。

（三）组织环境的改变可以破坏或支持局域文化

路易斯认为，组织环境的改变会引起局域文化的变化。如新技术的投入可以改变局部文化。新技术的发展改变了小组环境的特征，从而使小组内部结构发生了变化。与此相联系，这个小组的文化也改变了。

（四）组织环境的改变可以促进新文化的发展

路易斯认为，环境的改变可以促进新文化的发展。例如，新小组的建立会创造新的组织环境，就可以在这种环境内部产生并通过这种环境产生一种地域文化。他认为组织环境是一种背景，他指出，"组织环境在本质上是由社会性和认知性所确定的空间，不仅仅是指环境的物质方面"。❶组织环境作为一种背景会促进、强化、阻碍或者摧毁局域文化，具体情况主要取决于环境的特性。

（五）通过交流和参加社团形成组织文化

路易斯认为，就特定的组织文化中的成员而言，作为社会系统中的一员，他的文化是通过参与有规则地、持续地与他人面对面的相互作用的过程来进行的。个人成为组织文化中的成员有两种方式：（1）通过经常的、与他人面对面的相互交流。（2）以会员的方式。从这两种方式来看，组织都可以被看成是产生文化的环境。个人可以成为社会系统中的成员进行表层或深层的参与，个体成员的自我感知决定了作为文化成员参与的层次，参与者的能力在参与过程中也很重要，能力在组织文化中比在社会文化中更重要。

五、从学习中形成组织文化

沙因曾经指出，文化是通过小组在适应外部环境和内部整合中形成的。尽管组织文化一般是这样产生的，但也并不是说所有的小组都是从整合中形成其组织文化的。文化是成员稳定性和共同经验的结果，是团体积累起来的共享的学习成果，为了形成这种共享的学习成果，必须具有分享经验的历史，这就意味着小组

---

❶ Meryl Reis Louis, *Organizations as Culture—Bearing Milieux*，转引自 Jay M .Shafritz, J.Stever Ott, *Classics of Organization Theory*. Third Edition，Brooks Cole Publishing Company，1992，p.514.

成员要有一定的稳定性。小组的文化是小组积累学习的过程。所有的小组和组织都要处理以下两个问题：一是生存、生长和对其环境的适应问题；二是通过内部整合使之具有日常的学习和适应能力。文化是在学习的过程中产生的，它包括以下途径。❶

（一）在社会化过程中形成组织文化

沙因指出，文化是通过传给团体下一代成员来实现的。文化的传承不在于表层，文化的核心与成员的行为规则没有关系，而与获得持续性重要位置的人和在团体中核心圈中共享秘密的人有关。个体要学习和实现社会化过程，就要认识这些深层的假设，就要向组织中的老成员学习，了解他们所共有的基本假设。因此，在这一过程中就形成了特定的组织文化。

（二）通过学习获得如何认知、思考和感知事物的方式

沙因指出，文化不是显现的行为模式，而是关于如何认知、思考、感觉事物的方式，这种认知方式是通过学习产生的。显现的行为模式是由文化的预设决定的，是由外部环境偶然的情境产生的，行为的调节不是由文化的共享产生的。

（三）从职业教育、培训和职业本身中形成和强化组织文化

沙因指出，有的职业涉及长期的教育和职业培训。在这一过程中就会学到这些职业成员所拥有的态度、共同价值观和一些基本假设，这些都是组织文化。价值观等组织文化有一定的稳定性，人们不仅可以从职业圈子中学到，在从事这些职业的过程中也会使这些价值观等文化得到进一步的强化。

六、通过自发和引领形成组织文化

沙因在2004年指出，从文化形成的自发性和引领性来看，可以把组织文化的形成分成两种形式：一种是在组织中自发形成的；另一种是由领导人引领形成的。❷

1. 自发形成的组织文化

沙因认为，文化可以在没有结构的组织中较快地自发形成。在一个没有结构

---

❶　Edgar H.Schein, *Organizational Culture and Leadership*, Jossey-Bass,（An Imprint of WILEF）1985, Forth Edition, 2004, pp.19-21.

❷　Ibid, p.18.

的组织中，可以自发地产生一些相互作用，这些相互作用可以形成一些行为模式和范式，这也就形成了特定的组织文化。这种组织文化的特点是：（1）与小组的形成有关。（2）形成较快。通常情况下这种文化的形成是比较快的，在小组形成的几个小时内就可以形成。（3）不太成熟。在小组中较快并且是自发形成的文化是不太成熟的，有待进一步发展。

2. 由领导人引领形成的组织文化

沙因在1983年曾经指出，领导和文化是相互联系的，是一枚硬币的两面。他在2004年又进一步指出，组织文化是由组织的领导人引领形成的。这种文化的形成过程是：（1）小组的创始人把自己的、个体的文化带入组织。例如，某个个体建立了一个小组并成为其领导，小组的建立者会把个人的观点、目标、信念和价值观带到小组中，或者是按照相似的价值观、思维方式和行为方式来选择成员。（2）由实践的结果来确定是否成为组织文化。前面的方法只是领导行为，还不能成为组织文化。只有这种方法使组织获得了成功，成员感到正确之后才能成为组织文化，成为大家共享的信念。如果失败了，小组就会寻找新的领导，如果新领导所创立的文化使组织成功了，新领导所倡导的文化也就成为该组织的组织文化。总之，一个组织中，领导所倡导的文化只有在使组织获得成功的情况下才会成为该组织的组织文化，否则只是个人的意愿。这种组织文化具有自觉性、引领性、实践性的特点。

第三节　组织文化的本质和特征

一、组织文化的本质和特征

沙因认为，组织文化是有层次的，组织文化从本质上来说是潜在的基本假设，这种基本假设是在适应外部环境和内部整合中形成的。他在1985年、2004年对这些问题进行了研究。

（一）应该从新的角度来认识组织文化的本质

沙因对组织文化的形成机制的研究是与它对组织文化的本质的认识联系在一起的。要研究组织文化的形成机制，就必须要对组织文化的本质进行重新认识。他指出，组织文化涉及的范围很广，影响因素也很多，不同的研究者从不同角度对组织文化进行界定，没有一个统一的关于组织文化的定义。沙因对组织文化进行了重新定义，对组织文化的研究产生了较大的影响。

1. 定义组织文化时要考虑的主要因素

（1）要揭示组织文化的本质。文化具有本质特征，不能把一切现象都看成是文化，这样就把文化泛化了。在定义文化时要尽量吸收人类学家、社会学家和心理学家等的观点。

（2）揭示文化的主要功能。文化有一定功能，但并不是万能的，应该反对把文化功能夸大的倾向。

（3）从文化作为概念性的工具来考虑。要说明文化是解释个体心理和行为的。

（4）要说明文化和领导是同一硬币的两面，不理解其中的一面，就不能理解另一面。

2. 研究组织文化的要素

沙因列举了人们在研究组织文化中列出的若干要素。

（1）人们在相互作用时观察到的行为规则。

（2）小组常模。

（3）赞成和支持的价值。

（4）正式的哲学。

（5）游戏规则。

（6）氛围。

（7）深层的技能。

（8）思维方式、智力模型、语言范式。

（9）共享的意义。

（10）整合的符号。

（11）正式的仪式。❶

---

❶ Edgar H.Schein, *Organizational Culture and Leadership*, Jossey-Bass,（An Imprint of WILEF）1985, Forth Edition, 2004, pp.14-16.

3. 组织文化的定义

沙因认为，文化应该被看作具有独立的、有确定性的、稳定的社会单位的特征。组织文化可以被看作"小组在解决适应外部环境和内部整合问题时所学到的共有的基本假设模式，它被认为是很好的、有效的，因而可以教给新成员去感知、思考和感觉与这些问题相关的正确方式"。❶

（二）组织文化的层次与本质

组织文化是有层次的，这三个层次是表层文化、价值观和潜在的基本假设。价值观是组织文化的核心，潜在的基本假设才是组织文化的本质。

1. 表层文化

表层文化也叫人工文化，它是最外表的层次，是人工的产品和创造物，是可以被观察到的文化，但又无法对此进行解释。人工文化是可观察到的文化。但这些可见的东西之间是如何联系的？它的意义是什么？它的深层模式是什么？这就进入组织文化中较深的层次，这就是价值观。

2. 价值观

价值状态和价值观是不同的。例如，当小组在面临新情况和在处理新问题时，有人会提出第一个建议，因为小组成员并不知道这种建议是否能够实施以及实施之后的效果如何，小组成员也不会完全赞同这个建议。因此，这个建议只是一种价值状态而不是价值观，它没有共同的基础。

从价值状态转化为价值观是一个过程。当某种建议被采纳并获得成功之后大家才会相信。某种价值状态如果在实践中获得了成功，人们对这种成功有了共同的感受，这种价值就逐渐开始由认识转向信念，进而成为一种假设。这种假设如果在所建议的结果中继续发挥作用，就意味着它在较大的程度上是正确的。当价值成为理所当然的，它们也逐渐成为信念和假设，并脱离了人们的意识，成为无意识的和自动化的，内化在组织成员心中，成为一种价值观和组织文化中较深的层次。

---

❶　Edgar H.Schein, *Organizational Culture and Leadership*, Jossey-Bass,（An Imprint of WILEF）1985, Forth Edition, 2004, p.18.

3. 基本的潜在假设

潜在的基本假设是从价值观发展而来的，当一个假设受到价值的支持，就会逐渐被看成是真实的东西，人们相信它们是以这种方式运作的。基本的潜在的假设与价值观或主要的价值定向是不同的。（1）价值观具有选择性、可见性、变化性，而潜在的、基本的假设则是理所当然的、不变的、不可见的。（2）价值观或主要价值定向反映的是在一些基本选择中所希望看到的结果，而这些选择在文化中仍然是可以看到的，任何文化中的成员在任何时候都能够随着变化和按照主要价值定向来行动。而潜在的基本假设是理所当然的东西，是看不到的，在一个组织中几乎是不变的。（3）价值观是组织文化的核心，它可以发展为潜在的基本假设，潜在的基本假设是组织文化的本质。

（三）组织文化的特征

沙因在2004年指出，组织文化具有稳定性、深层性、普遍性的特点。

1. 稳定性

沙因认为，组织文化不仅是共享的，而且也是稳定的。由于它对团体进行了规定，当获得团体的认同时就会成为稳定的力量。组织文化一旦形成，一般是不会轻易被放弃的，也不会因组织成员的变化而消失。尽管一些组织成员离开组织，但组织文化仍然存在。组织团体成员的价值观是稳定的，组织文化也就很难改变。

2. 深层性

沙因认为，组织文化具有深层性。组织文化隐藏在组织中最深的地方。他指出，组织文化是"团体中最深层的、通常是无意识的部分，与组织的其他成分相比，它是无形的、看不见的"。❶

3. 普遍性

沙因认为，组织文化有一定的普遍性。他指出："文化一旦形成，就会涵盖组织的全部功能。"❷它会影响着组织处理其首要任务、各种环境以及它的内部

---

❶ Edgar H.Schein，*Organizational Culture and Leadership*，Jossey-Bass，（An Imprint of WILEF）1985, Forth Edition, 2004, p.16.

❷ Ibid, p.17.

运作的各个方面。从这个意义上说,并不是所有小组都有自己的文化。当谈到一个团体的文化时,是指它的全部运作而不是局部的某一方面。

4. 整合性

沙因认为组织文化具有整合性。温克认为,无序和不可感知使人类产生焦虑,人类需要克服这种焦虑。整合就是使无序成为有序。沙因指出,组织文化的整合是从要素到范式的过程。组织文化把各种要素整合为一个较大的范式,把各种不同的元素连接起来并且存在于较深的层次,把仪式、氛围、价值观和行为整合为一个统一的整体。❶

二、松散型组织文化的特征

松散型结构组织是一种特殊的组织结构,这种组织的文化具有自己的特性。瑟姆斯·塞尔高范尼(Thomas J. Sergiovanni)和约翰·卡尔不莱(John E.Corbally)于1984年指出了松散型组织文化的特征,主要有以下两点。

(一)多元性

松散型组织文化的特点是文化的多元性。这种文化的形成是由于组织中存在多元的目标和组织各部分之间联系的松散性。典型的松散型组织如大学就是如此。塞尔高范尼和·卡尔不莱指出,在大学中存在多元的目标和大范围的控制体系。温克指出:"当把效率原理用于学习和大学及其他松散型结构组织时,有效性降低了,人们变得思想混乱了,并且不能完成工作。"❷在这种组织中,很难用科学的方法来管理。

在多元文化中,亚文化之间既是独立的,也是相互冲突的。由于组织中存在亚组织,亚组织产生亚文化,每种亚文化都有自己的特点。他们以大学为例,说明了亚文化之间的关系。他们指出:"在大学中存在着一些亚文化,每种亚文化都在寻求提升和保持自己的价值。理解大学就是理解多元文化社会的本质。管理大学就是要求去处理试图保持自己生活方式的亚文化之间的传统和紧张的

---

❶ Edgar H.Schein,*Organizational Culture and Leadership*,Jossey-Bass,(An Imprint of WILEF)1985, Forth Edition, 2004, p.17.

❷ T.J.Sergiovanni, J.E.Corbally, *Leadership and Organizational Culture*,University of Illinois Press, 1984, p.4.

网络。"❶

（二）强调整体性和共同性价值的重要性

松散型的组织文化不仅重视亚文化，也特别强调团体、共同意义和共同价值。由于在松散型组织中存在各种亚文化，亚文化具有自己的独立性。塞尔高范尼指出："组织的亚文化之间的差异大于其拥有的共同价值，管理的实践就代表着一种文化对另一种文化的侵犯。""文化的观点的潜在意义是团体的概念和强调共同意义、共同价值的重要性。"这就说明既要维护组织中亚文化的独立性和自主性，也要提升整体价值。维护亚组织的文化不等于忽略整体组织的价值。亚组织在维护自身独立的同时，也出现了亚组织之间的文化差异大于组织的共同价值的现象，亚组织与亚组织之间、亚组织与整体组织之间出现的文化差异和冲突影响了亚组织和整体组织的发展，因此，就要寻求一种把不同的亚文化连接起来的方式。这样，在保持亚组织文化的独立性、多元性的同时，重视团体的共同意义和共同价值。这样不至于使亚文化过分偏离整体组织的文化，也可以通过提升组织整体的共同意义和价值来维护和保持不同亚组织之间的联系。

三、Z组织的特征

Z组织是一种特殊的组织形式。威廉姆·乌奇于1981年通过对日本管理的研究，发现日本组织管理具有典型的Z组织的特征，并描述了这种组织的本质特征。乌奇指出，组织是宗族系统。Z组织不是契约的组织，更像一个家族，在组织文化上具有较高的一致性。Z组织的成功运作更多靠的是密切的、细微的、彼此之间的信任。每一种Z组织都有自己的特点。Z组织的主要特点如下。❷

（一）长期的甚至是终身的雇佣关系

乌奇认为，在Z组织中存在长期的甚至是终身的雇佣关系，这是由任务的特征决定的。在这种组织中，雇员的技能与组织有密切联系。由于企业的任务和工作复杂性，需要雇员大量地学习。企业要留住雇员并使他们能够很好地完成任务，就要进行培训。雇员的许多技能是与公司联系在一起的，在别的地方不容易

❶ T.J.Sergiovanni, J.E.Corbally, *Leadership and Organizational Culture*, University of Illinois Press, 1984, p.8.

❷ William G.Ouchi, *Theory Z: How American Business Can Meet the Japanese Challenge*, Addison-Wesley Publishing Company, 1981,Ninth Printing November, 1981, pp.71-94.

找到工作。雇员在掌握了一定技能之后就愿意留在公司，而不愿去其他公司。这就形成了终身雇用制。尽管这种雇用制度不是通过正规的方式表示出来的，但事实上是存在的。

（二）员工的缓慢提升

乌奇认为，这种组织中任务的特征，不仅形成了终身雇用制，也形成了对员工的缓慢的评价和提升的过程。日本的这种组织形式有重要的适应性。Z组织也并不是需要等待10年之久才进行评价和提升，而是一个不断提升的过程，但是提升很慢。

（三）职业发展主要在相关的组织内部

乌奇认为，在Z组织中，雇员不是市场化的，他们对其他公司是没有价值的。职业发展的途径是体现在公司部门内部和之间的调动，而这些部门体现和代表了这个公司的重要特征，这就形成了更多与公司这样特征紧密联系的专业技能。这些专业技能就进一步产生了在设计、加工、分配过程中各个环节之间的更密切的合作关系。员工技能和工作能力的形成与特定的组织有着密切的关系，在Z组织之外是没有施展机会的。

（四）具有处理一整套繁杂问题的复杂系统

乌奇指出，Z组织存在现代信息和会计制度、正规的计划、目标管理的系统，还有其他正规的、明确的控制机制。在Z组织中，重视细致地收集信息，很少控制重要的决策，但也并不是过分的重视数据、统计报表等，Z组织中既重视明确的事实，也存在隐含性甚至是模糊性。

（五）高度一致和自由的宗族文化

乌奇指出："Z组织内部的文化具有高度的一致性。由于Z组织中的成员之间在从事经济活动的过程中存在亲密的关系，又是通过各种纽带紧密联系起来的，可以把Z组织看成是一种宗族组织，它不同于科层制和其他组织。"[1]在宗族组织中，每个个体都可以去做自己想要做的事，但组织的共同目标也很明确，组织目标的社会化程度很完备，组织对每个个体贡献能力的评价也很准确。每个

---

[1] William G.Ouchi, *Theory Z: How American Business Can Meet the Japanese Challenge*, Addison-Wesley Publishing Company, 1981, Ninth Printing November, 1981, p.83.

个体看上去是做了自己想要做的事，但实际上是按照寻求共同的利益目标去做的，也使个人利益达到最大化。这种方式和市场机制一样都实现了人类的潜能，也使个体的自由达到最大化。Z组织既有高度的一致性，又有更多的自主性和自由，使雇员有更高的工作积极性。Z组织的文化是既有高度的一致又有充分自由的文化，是既有群体性、社会性的文化又有个体性的文化。

（六）Z组织的成功取决于特定的因素和条件

乌奇认为，宗族组织的成功取决于以下因素。

（1）个体成绩的模糊性。由于存在密切的合作关系，每个个体并不去精确地计算个体的成绩，个体的成绩通常是模糊不清的。

（2）长期的承诺和彼此的信任。由于对个体成绩的评估需要一定的时间，这就需要保持长期的关系，彼此之间需要信任。

（3）对组织的目标和这种运作方式有认同感。组织的成功取决于这些方面达到适当的平衡。

Z组织的成功不仅取决于上述这些因素，也只有在终生雇用的社会条件下才能成功。Z组织要求组织要有高度的一致性，反对所有的不一致性，通常具有一定的封闭性。

四、追求卓越的组织文化

托马斯·彼特斯（Thomas J.Peters）和罗伯特·沃特曼（Robert H.Waterman Jr.）于1982年指出了卓越管理的几个主要方面：注重行动、接近顾客、自主性和企业家的权利、通过人来提高生产效率、动手能力、价值驱动、各司其职、形式简单，精减人员、自由与约束共存。在这几个方面中，自由与约束共存是根本。在彼特斯看来，自由和约束体现的是文化和价值问题。追求卓越的组织文化的本质是集中和个体最大限度的自由的共存。[1]自由与约束的关系表现在以下几个方面的有机统一。

（一）力求做到最好，为消费者提供最好的产品和服务

彼特斯认为，把一切做好是组织追求的根本目标，也是组织生存的基础。组

---

[1] Thomas J.Peters，Robert·H.Waterman Jr：*In Search of Excellence*，1982，An Imprint of Harper Collins Publishers，2004，pp.318-325.

织要为消费者提供最好的产品和服务，力求把每个产品都做到最好，正是这样的追求才能使组织获得发展的内在驱动力。也正是如此，才能促进产品和技术的不断革新。

（二）小的是美的

在大与小的关系上，彼特斯认为，并不是高成本就一定能够获得大效益。小的成本、小的规模、小的设备等也可以产生大效益。不应该盲目追求大，小的也是美的。在某种意义上，小的、质量、效益、快乐都是统一的，是一致的。

（三）纪律与自主的统一

彼特斯认为，纪律和自主是统一的。纪律是一种共同的价值观和原则，它可以为人们提供一种框架和行为规则，因而任何组织都需要纪律，优秀的企业也是如此。纪律与自主并不是矛盾的。纪律作为一种规则，可以限制消极方面，也可以鼓励和保证积极的方面，纪律并不限制自主性。多数公司把重点放在控制、限制和约束上，而在卓越的公司中，则把重点放在建设和扩展上，限制那些消极的、反面的东西。规则可以强化正面的和限制负面的信息，而强化正面比限制负面更有效。

（四）组织的发展来自组织内部

在组织发展的内部和外部的关系上，彼特斯认为，在卓越的公司中，要求正确处理内部和外部的关系，既看到外部环境的作用，但更强调组织的发展来自内部。他强调：（1）人是组织发展的关键。（2）产品质量的提高、服务水平的提升、不断革新的愿望主要来自于员工的内在追求，而不是靠质量控制部门和外部强制的。（3）组织的发展是建立在内部竞争、情感的交融、开放的政策、一致的个性、流动性和灵活性之上的，而不是建立在政治资源的基础之上的。

（五）使员工能够在组织中得到自我实现

基本需要和自我实现的需要之间是有矛盾的。彼特斯认为，卓越的公司较好地解决了基本的需要和自我实现的需要之间的矛盾。公司可以满足员工的基本生存需要，但更重要的是要满足员工自我实现的需要。组织尽力为每个人提供快乐工作的氛围，让员工在工作中获得自我价值，使每个员工都成为最优秀的员工，让每个人都感觉自己是有价值的，使员工具有使命感和成就感。

（六）价值体系与重视常规和细节的统一

卓越的公司能够正确处理价值体系与日常细节的关系。彼斯特认为，卓越的公司并没有太多的长远计划，计划几乎是以细节为标志的，甚至几乎是不存在的。公司有一个要实现的价值体系，这个价值体系包括需要满足的领域、质量、一致性、消费服务、人等几个方面，但这些价值体系不是空洞的，而是通过常规、细节来实现的。

（七）执着追求与灵活变通的统一

彼斯特认为，卓越公司既强调执着追求，也强调灵活变通。在公司中有一些人执着追求，不断地追求产品质量的提高，不断地提供个性化服务，不断地为企业的改进提出建议。但也有一些善于灵活变通，根据环境和需要的变化而变化。

第四节　组织学习与组织文化

一、系统思维是学习型组织的核心

彼特·圣吉（Peter M.Senge）认为，组织是学习和知识创新的系统。他于1990年指出了学习型组织的本质特征。学习型组织的战略目标是提高学习的速度、能力和才能。只有那些愿意并能够发现、尝试或改进他们的思想模式并因此而改变其行为的组织才是学习型组织。要成为学习型组织所必需的5个基本条件是：团队学习、个人掌握、思想模式、共享愿景、系统思考。他认为这5个条件也是学习型组织的5条基本原则。系统思维把这5项原则整合在一起形成了一个体系，系统思维则是核心和关键。系统思维也叫第5项修炼，它是一种新的认识框架，本质是文化的变革、思维方式的变革。

（一）系统思维形成的三大基础

圣吉认为，学习型组织是由5项原则组成的，如果没有系统思维，在进入实践中，就没有整合学习原则的能动性或方法。系统思维的本质特征是环的思维。"现实世界是一系列环，但人们往往把它看成是直线，它成为进行系统思维的障碍。"❶系统思维可以克服这种直线性的思维方式，而形成系统思维的三大基础则是强化性反馈、平衡性反馈、拖延。

1. 强化性反馈

圣吉认为："强化性反馈过程是成长的引擎。"❷事物的成长就是强化性反馈在起作用。在这种反馈系统中，存在正强化的"雪球效应"和负强化的"恶性循环"两种相反的情况。如果向好的方向变化，事物的发展就像滚雪球一样，小的变化可以引起更大的变化，这种变化是正强化的过程。如果向坏的方向变化，事情的变化就像恶性循环一样，越变越糟。

在圣吉看来，我们几乎很难察觉到自然界纯粹的加速增长或较少增长。因为强化的过程很少是孤立发生的，它总会受到一些限制，使其放慢成长速度、停顿、转向甚至彻底推翻，这种限制就是平衡反馈的一种形式，是在强化反馈之后出现的。

2. 平衡性反馈

圣吉认为，"在平衡系统中存在保持某种目标的自我校正，这就是平衡性反馈。"❸平衡反馈系统是普遍存在的，它成为以目标为导向的行为的基础。例如，人的身体等复杂的有机体就包含着许多平衡反馈的过程，社会组织也是如此。计划就创造着长期的平衡过程。平衡的环看起来好像什么都没有发生，平衡的环保持着一种稳定。

3. 拖延

圣吉认为，拖延是"行为和结果之间的中断"，❹是系统自觉性的表现。所有的反馈都有某种拖延，拖延既是可以被认识和理解的。未被认知的拖延可以导致不稳定性和破坏，特别是当拖延的时间较长的情况下更是如此。在强化的环中，拖延也会带来不少问题。

---

❶ Peter M.Senge, *The Fifth Discipline*, Originally Published in Hardcover By Currency in 1990, Published By Doubleday, 2006, p.73.

❷ Ibid, p.79.

❸ Ibid, p.79.

❹ Ibid, p.83.

（二）系统思维是一种全新的认识框架

圣吉指出，系统思维是从整体上认识事物的原则，它的"本质在于改造人们的思想"。●它是一种认识的框架，看到的不仅是事物，更是事物之间的联系；看到的不仅是静态的反映，更是变化的过程。圣吉认为，当今世界出现了如温室效应、国际毒品交易、美国的贸易和财政赤字等诸多问题，这些问题主要是系统出现故障和失效造成的，它不是由简单的、局部的原因引起的，个体是无法解决这些问题的，必须要用系统思维。

圣吉认为，存在细节的复杂性和动态的复杂性两种。系统思维的本质是理解动态复杂性。预测、计划和分析方法都不能处理动态的复杂性，当明显的干预出现了不明显的结果时，就说明动态的复杂性的存在，管理应该去理解这种复杂性。事实上，"系统思维就是用复杂性反对复杂性，通过设计出一种复杂性（细节）来解决日益增加的复杂性问题，这才是真正的系统思维的综合"。●

（三）系统思维是学习型组织的基石

学习型组织是一种变革性的组织。组织变革是一种团队化的过程，人们都是学习者。学习型组织能够实现从过去的生存性学习向一般性学习的转变，这种学习能够强化人的创造力。这种转变是：（1）从看部分到看整体的转变。（2）从把人看成是无助的反应者到主动参与者转变。（3）从对现实的能动反应到创造未来的转变。这些变革的实质就是精神的转变，是思考方式的转变，是组织文化的变革。圣吉指出，之所以把系统思维看成是第5项修炼，是因为它是5项学习原则的概念性基石。

二、 从文化的角度看组织学习

传统对组织学习的研究主要是从认知的角度进行的。有的把焦点放在组织背景中的个体学习上，有的关注作为组织活动模型的个体学习上。斯科特认为，从认知的角度研究组织学习是有意义的，但也有局限性。他于1993年提出应该从文化的角度来看组织学习。

● Peter M.Senge：*The Fifth Discipline*，Originally Published in Hardcover By Currency in 1990, Published By Doubleday, 2006, p73.

● Ibid, p72.

（一）组织学习是团体层面的一种集体活动

认知的观点把组织看成是认知的实体，是大脑。组织学习是个体在这种背景中的学习，这种学习是由组织中的关键个人来进行的。在个体学习的模型中，有人扩展了用个体学习的刺激—反应模式来解释组织对刺激和反应的选择。

从文化的观点来看，组织是人类的团体，是文化的实体。组织是小组，不是个体，也不是大脑。组织学习是小组层面上的一种活动，不是个体层面上的活动，是涉及与文化产品有关的共同意义并通过文化产品来贯彻的。因此，对组织学习的研究，是从经验的观察团体的活动开始的，而不是以个体认知理论和组织理论的相似性的概念为基础的。组织学习是集体的活动，因此，它既是传承的，又是创新的，是保持的，也是革新的。

文化和认知的观点都研究个体的活动，区别在于考虑问题的焦点不同。认知的观点把个体的行为作为重点，文化的观点则把焦点放在一组个体在期望之网中的运动，这个期望的范围是从组织的鲜明的制度到组织成员之间最微妙的相互理解。从文化的观点看，"组织的知识并不是为个体所拥有，也不是我们所看到的所有个体知识的扩展，组织的知识由少数个体的集体行动来感知和运作的"。❶因此，组织学习是创新与保持活动的统一。

（二）组织学习是对意义的领会和交流

在斯科特看来，文化是人工产品。他指出："文化是组织成员的价值观、信仰、情感以及表达它们的文化产品如符号、仪式等人工产品。"❷ "组织学习是通过它们所表达、传达的人工产品和团体的集体活动来获得、保持和改变主观间性的意义,这些意义可以通过组织成员之间的相互作用产生并保持，也可以是通过新成员来获得，也可以由旧成员来创造。它们不需要面对面的、直观的相互作用，意义的形成和保持的相互作用是通过组织文化的人工产品，如符号客体、符号语言、符号行动的中介来实现的。这种通过人工产品的相互作用不仅发生在变化的、特殊的环境中，也发生在日常生活之中。"❸

---

❶ Cook，S.D.N.,Yanow.D，Culture and Organization Learning, *Journal of Management Inquiry*，December 1993，p.384.

❷ Ibid，p.386.

❸ Ibid，p.384.

由以上对文化的表述可以看出，文化的观点把组织学习看成是只可意会的、可以交流和被理解的。这就意味着组织学习是一种可意会的认识，与经历组织文化人工产品的经验有关，这种经验是日常生活中的一部分。认知的观点则把组织学习看成是清晰明白的、可以交流的，对组织的其他成员来说是可以理解的。把可意会的表达出来和进行交流结合起来是文化的观点和认知的观点的重要区别之处。

（三）组织学习是文化的重构过程

斯科特指出："从文化的观点来看，组织学习主要关注的是组织如何对自身进行规定和再规定。"❶组织可以通过两个主要途径进行自身的重构：（1）通过新成员来规定。由于新成员被整合到组织中，其行动也就体现了其小组或组织文化的某些方面。新成员行动中所包含的意义就变得可以兼容，成为团体活动中意义之网的一部分。当新成员的活动与团体活动相符合，组织中重要的事就被证实和保持下来了，这就说明了组织自身进行了重构。（2）通过组织成员日常的活动来重构。组织成员有日常的活动，这种活动和它们潜在的、相互的意义之网可以相互证明和保持。

对组织进行重新规定这一过程也是文化的重构过程。组织学习是通过集体的行动来获得、保持和改变组织文化人工产品中所包含的意义。组织学习集中在共同意义的相互创造上，更多的关心团体的实践。组织获得新成员也就提供了组织学习的机会，组织学习可以看成是使与组织活动和能力相关的知识保持重构。小组和个体共享使其具有了主观间性的意义，这种意义使组织文化能够重构。

（四）组织学习在多元文化中进行

从文化的观点看，组织学习是在多元文化中进行的。组织中存在着多元文化。组织文化是由组织领导和所有组织成员创造和保持的。组织中存在主流文化和各种亚文化。多元文化之间存在一致性，也存在差异。文化是人工产品，在多元文化的背景下，人们相互讨论和交流的过程也是文化这种人工产品的相互作用过程，这一过程也是组织学习的过程。

---

❶ Cook，S.D.N,Yanow，D，Culture and Organization Learning, *Journal of Management Inquiry*，December 1993, p.384.

第五节　组织文化的变革和转型

一、组织文化变革的本质、类型、维度和方式

哈里森·特里斯（Harrison M. Trice）和珍尼塞·拜伊尔（Janice M. Beyer）于1993年对组织文化变革的本质、类型与维度之间的变量关系和变革的方式等问题进行了研究。

（一）文化变革的本质和类型

特里斯和拜伊尔认为，文化变化和文化变革是不同的。文化变化是指文化自发进行的某种调整或调节。文化变化并不都是文化变革，文化变革"是一种比定期的变化或文化调节更加自觉的、剧烈的、深刻的变革，是文化的连续性的中断，是打破平衡的过程，是内在的不平衡过程"。❶

特里斯和拜伊尔认为，组织文化变革一般来说有3种类型：（1）整体的、革命性的、综合性的变革。（2）局部性的、改变组织内部的亚文化变革。（3）渐进地、综合地重塑整体组织文化的变革。

（二）组织文化变革的维度

特里斯和拜伊尔认为，组织文化的变革是持续的过程，对它可以从广度、幅度、创新的程度、持续的程度四个不同的维度来描述。

1.广度

文化变革的广度是指组织受到变革的影响后人对文化的理解和行为方式改变的范围和程度。决定广度有两个因素：（1）期望值。期望多少成员改变对文化的理解和行为方式。（2）这些变化影响他们改变对文化的认识和行为方式的频率。

2.幅度

文化变革的幅度是对现在对文化的理解方式和行为方式与期望成员所接受的对文化的理解和新的行为方式之间的差异程度。影响文化变革幅度的主要因素如下：（1）期望与原有文化的相似度。（2）是否要终止和终止原有文化的程

---

❶　Trice, Beyer, *Changing Organizational Culture*, 转引自Jay M.Shafritz, J.Stever Ott, *Classics of Organization Theory,* Fifth Edition, Brooks Cole Publishing Company, 2001, p.414.

度。（3）是否要摧毁原有文化和摧毁的程度。

3. 创新的程度

特里斯和拜伊尔指出，创新的程度是指所期望的文化和行为与已有文化和行为相似的程度。创新有三种方式：（1）向他人学习和借鉴。如果期望的文化与其他组织文化有某种相似性，就要向他人学习和交流。（2）设计具有新内容的文化形式。如果不完全相似，就要设计具有新内容的文化形式。（3）创造新文化的核心和形式。要实行全新的和根本性的变革，就要创造出一种新的意识形态和价值观作为文化的核心，还要创造前人没有的、全新的文化形式。

4. 持续的程度

持续的程度是指实现变革所需的时间和持续的时间。组织的功能、环境的情况、组织的性质不同，变革所需的时间和持续的程度是不同的。（1）根本性的文化变革需要数以年计，有的则更长。（2）功能较差或环境变化较快的组织，一般来说文化变革速度较快。（3）组织为了应对临时的环境，这种文化变革是短暂的。有的文化是在临时组织中产生的，这种文化变革也是短暂的。

文化变革的类型和文化变革维度之间有相关性。文化变革的类型不同，他们在不同维度上的变化也就不同。特里斯和拜伊尔指出了文化变革类型与文化变革维度之间的变量关系（见表7-1）。

表7-1　文化变革的类型与维度的变量关系❶

类型	维度			
	广度	幅度	创新的程度	持续的程度
整体的、革命性的、综合性的	大	高	可变	可变
亚单元和亚文化	低	从适中趋向于高	可变	可变
积累性的综合性再造	高	适中	适中	高

（三）组织文化变革的阶段和方式

1. 文化变革的基本阶段

特里斯和拜伊尔指出，文化的变革基本上可以分为3个基本阶段：（1）接

---

❶ Trice, Beyer, *The Culture of Work Organizations* 1993, 转引自Jay M.Shafritz, J.Stever Ott, *Classics of Organization Theory*, Fifth Edition, Brooks Cole Publishing Company, 2001, p.417.

169

受阶段。这一阶段就是要决定实行变革。（2）实施阶段。就是要采取变革的行动。（3）制度化阶段。就是把变革融入日常规则和组织文化之中。所有的文化变革都是部分的，不可能完全变革先前的文化。

2.文化变革的方式

特里斯和拜伊尔指出，文化变革根据不同情况可以采取不同的方式，但主要可以采取以下两种方式。

（1）修改和创造适合的文化形式。一是修改和重新解释。①可以采用符号、仪式、语言和故事来修改文化的意义。②解释一些标志旧文化的比喻。如果标志旧文化的比喻可以为当下人所接受，就可以对此进行修改，并作出新的解释。二是创造新文化。一些典礼和仪式也可以作为文化变革的杠杆。这些仪式不能完全改变，也不能完全接受，就要根据需要进行创新。可以在新仪式中包含传统元素，旧仪式中补充现代元素，使其成为人们能够接受的形式。

（2）改变社会化过程。社会化过程是文化形成的主要方式。如果改变社会化过程，也就可以改变组织文化。文化形式在新成员社会化和旧成员再社会化的过程中起着重要作用。如入职的训练程序是直接使人们进入新角色的社会化过程的一种文化形式，它的功能是保持连续性而不是变革，是组织制度化策略中的组成部分。

二、从解决问题向欣赏性探究的文化转型

传统的管理是以解决问题为主的。组织管理主要是分析组织中存在的问题，寻找问题产生的原因，再去解决问题。大卫·库伯理德尔（David L.Cooperrider）和戴安娜·惠特尼（Diana Whitney）于2005年指出了组织文化的转型。他们指出，管理者不应该只看到存在的问题，也应该看到组织中许多积极的方面，去发现和欣赏这些积极的方面，实现从解决问题向欣赏性探究的文化转型。

（一）欣赏式探究的特征

库伯理德尔和惠特尼认为欣赏式探究有以下三个主要特征。

（1）探究组织生命力的源泉，使组织能够保持活力。欣赏式探究是为了实现人与组织高度和谐以及世界变得更美好的梦想而进行的合作共赢、共同发展型的探索过程，它要探究赋予组织有效性和生命力的源泉，使组织能够保持活力。

（2）强化组织提升正能量的能力，使人们团结合作、共创未来。欣赏式探究用发现、革新、梦想、设计取代干预、否定、批评、诊断问题，强化组织理解、期望和提升正能量的能力，以此增强组织的凝聚力，使更多的人团结合作、创造未来。

（3）开发、释放和丰富组织的正能量，推动组织向积极的方向变化。欣赏式探究假设每个组织都存在尚未开发的、未释放的、丰富的正能量，这种正能量是过去、现在和未来都具有的，把这种正能量和日常生活联系起来，就可以推动组织的变化。因此，应该在组织的正能量的基础上并通过这些力量来实现组织的发展和变革。

（二）组织中存在着积极的方面

库伯理德尔和惠特尼指出："组织是重要的联系和赋予生命潜能的中心，它包括关系、合作者、联盟和不断扩张的知识和行动的网络，具有把这些力量结合起来的能力。"[1]由此出发，他们认为应该看到未来事业的价值，看到组织中存在许多积极的方面，这些都对组织起着正面的作用，组织中存在以下一些积极的方面（见表7-2）。

表7-2 组织中的积极因素[2]

成就	重要的传统
策略机会	有活力的价值观
生产的力量	积极的宏观趋势
技术的维持	社会资本
打破常规的革新	合作精神
高明的思想	深厚的知识沉淀
商务运作	财政的维持

[1] David.Cooperrider, Diana Whitney, *Appreciative Inquiry*，转引自J Steven .Ott，Jay M. Shafritz，Yong Suk Jang， *Classics Readings in Organization Theory*，7th Edition. Wadsworth Cengage Learning, p.395.

[2] David.Cooperrider, Diana Whitney：Whitney：*Appreciative Inquiry*，转引自J Steven .Ott，Jay M. Shafritz，Yong Suk Jang， *Classics Readings in Organization Theory*，7th Edition. Wadsworth Cengage Learning, p.398.

续表

积极的情绪	积极的未来视野
组织智慧	联盟和伙伴
核心竞争力	价值链的力量
前景广阔	策略的优势
领导能力	相关资源
产品通道	忠实的顾客

（三）管理应从解决问题模式向欣赏性探究模式转变

库伯理德尔和惠特尼指出，传统的管理模式是从问题入手的。它假定组织有许多问题需要解决，分析问题产生的原因，在此基础上制订行动计划。因此，在解决问题时倾向于是向后看，不是向前看；总是看到存在的问题，而不是去看积极的方面。管理应该从解决问题向欣赏性探究转变。欣赏性探究是用积极的、欣赏的观点看问题，它假定组织中包含着发展的潜力，应该对组织积极地欣赏和进行评价，展望可能的未来，通过协商达成共识。他们指出，管理应该实现从解决问题模式向欣赏探究模式的转变（见表7-3）。

表7-3　从解决问题模式向欣赏性探究模式转变❶

解决问题模式	欣赏性探究模式
感觉到需要确定问题分析原因	欣赏和评价展望可能的未来什么是最好的
分析可能的结果	通过协商达成共识
制订行动计划 （治疗）	确定应该革新什么
基本假设：组织需要解决问题	基本假设：组织中包含着潜力

---

❶　David Cooperrider, Diana Whitney, *Appreciative Inquiry*，转引自J Steven. Ott，Jay M. Shafritz，Yong Suk Jang，*Classics Readings in Organization Theory*，7th Edition. Wadsworth Cengage Learning, p.399.

第八章　组织与环境

　　组织与环境的关系问题是组织研究中的重要问题之一。组织的结构、权力和政治、经济、文化的观点都从不同方面涉及组织与环境的关系，本章则从多方位、多要素、多变量的角度展示了组织与环境的复杂关系，这样对组织与环境的关系的认识就更加全面，对组织本身的认识也更加深入。

第一节　概述

一、历史背景

（一）不同时期对组织与环境关系研究的重点不同

　　对组织与环境关系的研究历史较早。在20世纪40年代，以塞尔尼兹克等人为代表的社会学家就已经认识到并开始研究组织与环境的关系。在20世纪四五十年代，组织研究关注的是单个组织的内在结构和过程，不仅研究正式结构和意识层面，也关注无意识层面，关注在正式角色系统背后的人际关系的复杂的亚结构，看到了这些微观系统与整个大系统的关系，这样就需要把组织看成一个开放系统。在20世纪五六十年代，开始强调环境的作用。如洛伦斯等认为组织的关键部分所面对的环境是不同的，组织形式应该适应不同的环境，这就需要以新的方式进行整合，这种整合是建立在多要素差异基础上的整合。在20世纪六七十年代，开始从系统、权变和生态的角度研究组织与环境的关系。如研究任务、交易、不确定性环境、情境性环境等问题。

（二）对组织与环境关系研究的特点

从对组织与环境关系的研究来看，研究的主要特点有以下几点。（1）从多方面来研究二者的关系。如从系统、生态、信息处理、资源依赖等多方位来研究，并且这些方面也是互补的。（2）从多变量研究组织与环境的关系。这些主要变量包括：亚组织、技术、行为、资源、制度、种族、文化、环境、生态群、生态域等，这些变量之间的相互作用也会形成复杂的变量模型。（3）从整合的角度研究组织与环境的关系。把组织的确定性和不确定性、单个组织与多个组织、组织结构和变化方向、组织的上下、左右有机地统一起来。（4）从时代的特征来研究组织与环境的关系。环境的概念是不断发展的，在不同时期有不同的内容。组织与环境的关系也是变化的，在不同时期二者之间的内容也是不同的。

（三）社会发展的特点要求进一步研究组织与环境的关系

在20世纪70年代末到20世纪末，人类所面临环境中的不确定性因素越来越多，环境的变化越来越快、不确定的程度越来越高，这就需要在新的条件下研究组织与环境的关系。

二、研究的主要内容

（1）组织与环境的相互作用。包括环境如何影响组织、组织如何适应环境、组织与环境最佳匹配的方式等。

（2）组织与资源的关系。如资源对组织生存和发展的作用。

（3）组织的生态问题。如组织的种群生态、组织域的特点等。

三、研究方法

（一）系统的方法

系统分析方法的主要特点是：（1）整体的分析方法。以系统分析的方法研究组织，就是把组织看成一个整体，要考虑要素与要素之间、不同的亚系统之间及其与环境的相互作用。（2）在哲学上强调因果关系，方法上重视定量分析，依靠模型作为分析的工具。从系统论的观点来看，组织存在复杂的因果联系，在这些复杂的因果关系中存在确定性，组织管理就是要寻求确定的因果关系，就是要在复杂的变量关系中寻求秩序，可以通过定量分析方法和模型进行分析，寻找因果关系。（3）重视系统要素之间的相互关系。从系统论的观点来看，系统中的任何一个要素的变化都会引起其他要素的变化，系统要素之间的相互连接是复杂的、动态的，有时是不可测的，因此，当管理者在对涉及组织的某个或某些要素进行决策时，会使整个组织系统受到不可测的影响。

（二）控制论的方法

用控制论的方法研究组织，其主要特点是：（1）把组织看成可以进行自我调控的适应性系统。自我调控是控制论的基本概念，把它应用到对组织和管理的分析上，就可以看到组织具有自我调节的功能。（2）重视对组织系统中控制和信息过程的结构和功能的研究。维纳用控制论研究动物和机器，在组织系统中，控制论有其特殊性。

（三）权变的方法

权变方法的主要特点是：（1）主要考虑决定组织和管理选择和形式的随机因素。权变的观点认为存在大量的变量和随机因素，组织结构的形式和管理系统依赖随机变量，因而要认识组织，就要理解组织中的结构、相互关联的亚系统和它的外部环境。（2）重视不确定性。权变的观点认为，不确定性限制了决策，不确定性越大，就越应该使用权变观点。

（四）种群生态学的方法

种群生态的方法把达尔文的自然选择理论、进化论、社会理论、竞争理论、生态位、生境理论等有机地结合起来，是关于竞争、选择和在组织群体中适者生存的理论。

（五）文化学、社会学、社会心理学等学科

文化学、文化人类学、社会学等学科的方法是研究组织与环境关系的重要方法，社会建构的观点也很重要，如制度性环境的观点就与文化学、社会建构的观点密切相关。

四、影响组织与环境关系的变量

（1）技术。技术的特点、类型等对组织与环境的关系有影响。

（2）环境的特点。如环境的开放性与封闭性、稳定性与不稳定性、确定性与不确定性等对二者关系有影响。

（3）资源。资源的充足与匮乏等因素都对组织与环境的关系有影响。

（4）任务。任务的常规性和非常规性、应急和非应急性、确定性与不确定性等都影响着组织与环境的关系。

（5）信息。信息的交流通道和方式、信息量的大小等都影响组织与环境的关系。

（6）文化。文化的背景、观念等因素对组织与环境的关系影响组织与环境的关系。

五、基本假设

（1）组织与环境是动态的、相互适应的。组织与环境是相互作用的，这一过程是两者不断变化、不断趋于动态平衡的过程。如果组织要生存，就要适应环境的变化，反之，组织的决策和行动也影响着组织的环境。

（2）组织有确定性，也有不确定性。组织具有确定性。组织是复杂系统，在这个系统中，存在复杂的因果联系，这些因果联系具有确定性。组织有不确定性。①组织中存在复杂的、多元的、相互依赖的因素。系统中的任何一个要素的变化都会引起其他要素的变化，系统要素之间的相互连接是复杂的、动态的，有时是不可测的，因此具有不确定性。②组织是开放系统，组织环境的变化使组织具有不确定性。

（3）组织既有封闭性，也有开放性。组织是实现目标的封闭系统，但多数组织是开放系统。

（4）随机变量决定着组织的形式，不存在最好的、具有普遍适应性的组织。随机变量也影响着组织的行为。由于组织中存在多个随机变量，人们也不可能全部认识这些变量，因而对组织进行预测和控制是有困难的。

（5）自然选择过程的规律决定着组织。组织并不是通过制定决策去适应变化着的环境，相反，环境则对组织的形式进行选择。

（6）组织不能自我满足，所有组织都要和环境进行资源交换才能生存。

六、组织的观念和概念

（1）组织是多个因素构成的适应环境的有机开放的复杂系统。组织是由多因素构成的、相互交织和相互作用的复杂的有机系统，它包括信息输入、信息输出、信息反馈回路和环境，是动态的、适应环境的有机系统。

（2）组织是由相互依赖的部分组成的整体，是与环境相互作用的实体。组织是由要素、结构、亚系统等部分组成的整体，它与环境是相互作用的。组织整体中的每个部分都服务于这个整体，同时也受制于这个整体，而且这个整体与其环境之间也有相互关联。组织的目标是为了生存，组织的各个部分及其相互关系是在组织的演化过程中形成的。组织不是自治的实体，而是与环境相互作用和依存的实体。

（3）组织是处理不同程度信息的网络。组织在处理不同层次和程度的信息的方式是不同的。随着信息复杂性程度的提高，处理的方式也更加复杂。

（4）组织是具有共同边界的生态域。组织不是单个的，而是由一些组织组成的，这些组织相互联系着，形成整体的生态域系统，他们具有共同的边界。

（5）组织是具有收集、选择和保持关于环境信息的能力系统。

（6）组织是对现代社会占主流的理性神话的规定。

第二节　社会组织是开放系统

系统论在当时是一种应用比较普遍的研究方法，丹尼尔·凯茨（Daniel Katz）和罗伯特·卡恩（Robert L.Kahn）在1966年首次提出把系统论应用到对组织的研究中。他们认为社会组织是开放系统，因而用封闭系统的观点不能很好地说明组织与环境的关系。从开放系统的观点来看，组织与环境是相互作用的。一方面，组织要适应不断变化的环境；另一方面，组织的决策和行为也反过来影响环境。

一、社会组织的本质是能量和信息的输入、转化和输出

凯茨和卡恩认为，社会组织作为开放系统，不断地与环境相互作用。需要从其他机构、人员或者物质环境中获取更新的能量，并实现能量的有效转化。社会组织创造的新产品、拥有的材料、提供的服务，这些活动都确保了对输入的能量进行重组，系统也还完成其他的工作。把能量输入系统，在系统中进行能量的转化，产生结果或能量的输出是一个完整的过程，能量的输入和输出又可以成为新能量的输入，这个过程便是组织与环境的相互作用的过程。

他们指出，社会系统的本质是能量的输入—转化—输出过程。把能量输入系

统，在系统中进行能量转化，产生结果或能量的输出，这是一个完整的过程。社会组织是由个体的、模式化的活动组成的，也是能量的输入、输出的互补过程。他们是稳定的、不断重复的。为了维持这些模式的活动，就要不断向系统输入能量，活动循环的结果为新一轮的循环提供了新的能量。从能量输入—输出的观点看，社会组织具有以下特点。

（一）社会系统事件是周期性的循环

能量交换活动的模式是周期性的。输出环境的产品，为活动的周期性的重复提供了能量的来源。强化活动循环的能量可以来源于外部环境的某些产品交换过程，也可以来源于循环活动本身。由此可见，社会系统事件是周期性的循环，有的是一组事件的循环，也有的是多种事件组合起来的循环。

（二）社会结构是通过事件的周期性循环构成的

社会结构是动态的，是通过事件的周期性的循环形成的。简单的社会结构是由自动闭合事件的单一循环组成的。复杂的社会结构是由更多的循环交织在一起的。单一循环的事件交织在一起形成更大的事件结构或事件系统。每个事件系统是由更小的周期或环组成的，这些周期或环中的每个部分都与事件系统关联。社会系统中的子系统之间的小循环也可以交织在一起，这样就会形成更为复杂的社会结构。

由此，凯茨和卡恩指出："认识社会系统的功能有两个标准：一是追溯能量交换的模式或由此导致的某种输出的人的活动，二是要确认能量如何转化为使模式能够活动的能量的。"[1]因而，认识社会结构的基本方法是"追踪事件活动的能量链条，就是从能量的输入开始，到能量在系统中的转化，在事件循环的闭合点上结束"。[2]

基于上述认识，凯茨和卡恩认为，有人把组织看成是组织的设计者、领导者、关键成员的目的的集中体现的观点是错误的。其错误就在于把组织目的或目标与个体成员的目标混同。从系统论来看，组织有产出、生产或结果，但这并没

---

[1] Daniel Katz, Robert L.Kahn, *The Social Psychology of Organizations*, 1966, John Wiley and Sons, Inc, Second Edition. p.21.

[2] Ibid, p.23.

有必要与小组成员中的个体目标一致。

凯茨和卡恩认为，社会组织也不是封闭系统。有人把社会组织看成封闭系统，就在于没有认识到组织的开放性。社会组织是开放系统，它要不断地从环境中输入能量，这些物质和能量的输入也是可变的。尽管社会组织具有保持自身稳定的机制，但也并不能随着某些人意图的改变而改变。组织受环境的影响，其自身的结构是在与环境的相互作用的过程中发生变化的。

二、开放系统和社会组织的一般特征

凯茨和卡恩指出了开放系统和社会组织的一般特征，这些特征如下。

（一）具有阻止负熵产生的能力

开放系统要生存，就必须阻止熵的增加，获得负熵。开放系统通过从外部环境获取大于自身消耗水平的能量，使其保持能量并获得负熵，具有最大限度地获取其消耗的能量并保持自身生存的能力。社会组织是开放系统，它也具有改善其生存地位并获取保持其舒适生活的能量。社会系统与一般的生物有机体不同，它并不受身体稳定性的限制，具有无限的阻止熵产生过程的能力，但每年也有不少组织会消亡。

（二）通过信息的输入、负反馈和译码过程矫正系统的错误

能量的输入、转换和输出过程是伴随着信息的输入、负反馈和译码的过程。信息是关于环境和与环境有关的自身运作结构的情况，"信息输入的最简单形式是信息的负反馈，这种负反馈可以矫正系统出现的错误"。[1]从而降低系统能量的消耗，或避免因能量消耗过大而使系统发生崩溃。信息的输入选择机制就是译码过程，通过这个过程，对进入系统的信息进行排除、接受和转换。

（三）稳态和动态平衡

开放系统是一种稳态。由于通过能量的输入减缓了负熵的产生，也就保证了系统能量交换的稳定性。但稳态不是完全不动、绝对平衡的，它是不断地从外部环境输入能量和从系统中输出产品的连续的过程，但系统的特征、系统与环境能量交换的比率以及系统各部分之间的关系仍然是不变的。

---

[1] Daniel Katz, Robert L.Kahn, *The Social Psychology of Organizations*, 1966, John Wiley and Sons,Inc, Second Edition, p. 26.

稳态分为简单稳态和复杂稳态。简单稳态是为了保持系统性质的动态平衡。系统向某一方向的调整要受到相反方向运动的反抗，它们可以相互补偿。复杂稳态是维持系统生长或膨胀过程中系统性质的稳定性。系统要保持自身的稳定，就会输入比满足输出要求多的能量来维持自身的生存，但也留有一定的空间。为了适应环境，系统总会试图通过吸收或控制外力来处理自身与环境的关系。社会系统会在其边界的范围内整合各种外部基础资源，这就导致系统的膨胀。

（四）分工越来越细、功能趋于专门化、角色日益增多

社会组织是分异性的生长过程，它的发展方向是分工越来越细、功能趋于专门化、角色日益增多，这就是累进机制。这种机制在系统实现稳态的过程中体现出来，它早期是与各动力因素相互作用的，后来成为调节性的反馈机制。

（五）实现目标的方式不止一个

传统的理论认为，组织存在实现目标的最佳的、唯一的方式。在封闭的物理系统中，相同的初始条件会出现相同的结果。在开放系统中，在不同的初始条件下，通过不同途径可以达到相同的结果。由于开放系统用协调机制调节自我的运行，系统的同结果性的可能性会减少。因此，社会组织实现目标的方式不止一个。

第三节　组织与环境的信息交流和资源交易关系

保罗·劳伦斯（Paul R.Lawrence）和杰伊·洛尔斯（Jay W.Lorsch）于1969年研究了在稳定条件和不稳定条件下组织与环境的信息交流和资源交易关系。

一、决定组织与环境的信息交流和资源交易的主要因素

劳伦斯和洛尔斯认为，在组织与环境的信息交流过程中，组织与环境的匹配能否进行健康的交流，主要是由下面四个方面决定的。

（1）依赖性。单位内部对正规化原则和交流渠道依赖程度的大小。

（2）反馈时间的长短。小组中管理者和职业人员对信息反馈时间的长短。

（3）目标取向。小组的目标取向，如分散的或是集中的。

（4）人际关系。在小组内是以关系为导向的人际关系或是以任务为导向的

人际关系。❶

一般说来，组织的交易关系如果是健康的，组织中的单位就具备以某种方式与组织的环境部分相匹配的特征。如果组织所涉及的环境的部分是相对稳定的，所需信息的数量和复杂程度就少；如果组织与环境相关的部分是不稳定的、变化的，所需的信息量和复杂程度就高。

二、决定组织与环境资源交易的主要因素

劳伦斯和洛尔斯指出，除了信息交流外，在组织与环境的关系中，还有有形产品和无形服务的资源交易。资源的充足或匮乏影响交易的方式。在组织和环境的资源交易的过程中，资源状况在稳定和不稳定环境的条件下是不同的。佛里克（Fowraker）指出："具有内在的不同特征的组织单位能否有效运作取决于它们所处环境相应资源的稀缺或富裕程度。"❷

三、在稳定条件下的信息交流和资源交易

（一）在稳定环境下的交流

劳伦斯和洛尔斯认为在稳定的环境下交流比较容易，交流的特点是：（1）按照规则进行。可以按照预定的一整套操作规则来顺利完成任务。（2）上下级交流渠道。通过传统的上下级间的交流渠道来处理信息。（3）较快的反馈。管理者和专业人员可以用很短的时间对环境状况做出反馈，并采取对策。（4）集中性。小组在目标的取向上是集中的。在这种情况下，可以采取直接的、简单的、以任务为导向的管理模式。

（二）在稳定条件下的资源交易

在相对稳定的环境中，竞争者日益增加，为争夺资源而竞争，这就导致资源稀缺。在这种条件下，组织为了适应竞争的需要，顺利地进行交易就要做到：（1）紧密的内在控制。（2）更多的规则。（3）较简单的交流通道。

---

❶ Paul R. Lawrence, Jay W.Lorsch, *Organization—Environment Interface*, 转引自 Jay M .Shafritz, J.Stever Ott, *Classics of Organization Theory*, Third Edition, Brooks Cole Publishing Company, 1992, p.230.

❷ Ibid, p.231.

四、在不稳定条件下的信息交流和资源交易

（一）在不稳定条件下的信息交流

劳伦斯和洛尔斯认为，在变化环境中的交流比较复杂，交流的特点是：（1）扁平性。环境越不确定，变化越快，组织内相应的单位就应当越复杂。要应对和处理环境的不确定，需要发现并建立起与环境的多个连接点，这就需要扁平型组织。（2）全方位性。在变化的环境下，正式规则不能适应变化的情况，惯例无法解决新问题，上下级之间的交流不能获取全部信息，这就需要建立能够进行全方位交流的模式，以此来获取变化的信息并跟踪环境的变化，这是一种比传统的、垂直的交流通道更为复杂的交流网络。（3）反馈时间较长。需要一定的时间来对信息和环境变化进行反馈。（4）分散性。它的目标取向是分散性。在这种情况下不能仅靠任务导向，而必须要有一种复杂的、以紧密人际关系为导向的管理方式。

（二）在不稳定环境下的资源交易

在变化的环境中，组织单位面对的是迅速变化的外部环境。在这种情况下，资源较为多样和丰富，有利于组织的生存和发展。在这种条件下，组织要顺利进行交易就要做到：（1）灵活性。组织必须要有创造性和灵活解决问题的能力，去发现更利于进行交易的潜在机会。（2）扁平性。组织单位的繁荣和发展不是依赖一些规则而是依赖更复杂的、扁平的交流网络，这种网络可以促进新观念的产生。（3）较长的反馈。这些组织单位需要较长的反馈时间。

第四节　组织类型与系统变量的关系

福瑞蒙特·卡斯特和詹姆斯·罗森茨韦克（Fremont E. Kast, James E.Rosenzweig）于1972年指出，一般系统论为研究组织提供了新的理论框架，但在运用到社会组织的研究时则需要具体分析社会组织的特征、社会组织与环境的关系等问题。特别是要研究组织内各亚系统之间的关系、系统与环境间界面之间的关系。❶

---

❶ Fremont E. Kast, James E. Rosenzweig, General Systems Theory: Applications for Organization and Management, *Academy of Management Journal*, Vol. 15, No. 4, (Dec., 1972), pp. 447-465.

一、用一般系统论研究社会组织时需要研究其特殊性

卡斯特和罗森茨韦克认为，从系统论的角度来看，社会组织具有以下特点。

（一）目的性

他们认为，一般系统论否定了社会组织的封闭性和机械观，也看到了社会组织的特征与生命有机体的相似性，但社会组织有自己的独特之处。一般系统论在分析有机体与环境的关系时，重视输入、反馈和平衡问题，但在分析社会组织与环境的关系时，不能简单地运用这种观点和方法。社会组织中的各个子系统或个人都有其目的和要实现的愿望，因而用系统论的反馈、平衡等机制很难说明社会组织的目的性所产生的组织行为的特点，由目的所产生的组织行为比反馈、平衡机制要复杂得多。因此，需要研究社会组织与环境之间特殊的关系。

（二）社会性

社会系统与物理系统、生物系统有本质的差异。物理系统、生物系统是自然的、自发的，而社会组织是由人设计的，是人的活动的结果。一般的系统是由物理事件组成的，而社会组织的结构是由人的活动的事件组成的结构，是人们通过规定的行为模式创造出的社会结构。社会组织中的结构与社会系统的各个过程是密切联系在一起的。因此，在用一般系统论研究社会组织时，就要考虑到这些特点。

（三）多样性

社会组织是由人参与的，是由人设计和创造的。社会组织的目标是多样的，发展形式是多样的，这是它与一般有机体的重要区别。一般的有机体遵循生物系统的发展规律，遵循着出生、生长、成熟、死亡的生命周期，而社会组织并不按照这种方式运行。

（四）评价社会组织的效能是多方面的

一般系统论重视系统的生存目标，但对其在环境中的作用重视不够，因此只能从系统生存的角度对系统效能进行评价。社会组织具有特殊性，对社会效能进行评价时，不能简单地用系统论评价一般系统效能的标准，而要从组织与环境的关系、组织对社会的作用等方面进行评价。卡斯特和罗森茨韦克指出："组织效能至少应当与三个分析层面有关：（1）环境层面。（2）作为系统的社会组织

层面。（3）组织内的亚组织层面。"❶衡量社会系统的效能的标准并不是单一的，只有把这三个层面综合起来，才能对社会系统的效能做出比较全面的评价。

（五）开放性和封闭性

卡斯特和罗森茨韦克指出，多数的社会组织及其亚系统都具有开放性和封闭性，只是开放和封闭的程度是不同的。因此，不要把社会组织简单地看成是开放的或封闭的，开放系统的观点也并不比封闭的观点好。在一定条件下，封闭的观点和开放的观点各有其合理性。

二、社会组织系统的变量关系

卡斯特和罗森茨韦克认为，用一般系统论的方法研究社会组织时，如果不考虑社会组织的特殊性，就很容易生搬硬套，解决不了实际问题。用系统论研究组织时，要具体研究社会组织的特点。如社会组织与环境并不是简单的输入、反馈的关系，组织与环境也不是简单的封闭或开放的关系，社会组织不同于一般的有机体，社会组织的存在与环境和亚组织等都有关系。因此，在研究社会组织时，必须要考虑这些相关的变量。在研究组织类型和系统变量之间的关系时，可以把组织分为两类：（1）封闭、稳定、机械的组织。（2）开放、适应、有机的组织。在两者的比较中来看组织与环境的关系。在比较中把组织的外部环境系统和亚系统的各种参量和特征都作为考虑的对象，这样就可以得出比较具体的结论，也就把一般的系统论转变成比较实用的模型。

（一）主要变量和变量关系

1. 环境

用系统论的观点把组织所处的环境看成是一个外系统，对这个系统可以从三个角度来描述：（1）一般性质（平静性与扰动性）。（2）可预测性（确定的还是不确定的）。（3）边界关系（相对封闭的还是开放的，极少数人参与的还是多人参与的）。

2. 组织亚系统

组织是由多个亚系统组成的，每个亚系统都包括多个方面：目标、价值、稳

❶　Fremont E. Kast，James · E. Rosenzweig, General Systems Theory: Applications for Organization and Management, *Academy of Management Journal*, Vol. 15, No. 4, (Dec., 1972), p. 458.

定性、技术、管理、心理、结构等。

3.组织的特征和类型

组织的类型和特征有三类：机械—有机、封闭—开放、稳定—变化。

（二）建立在组织变量之间相互联系和作用基础上的组织和管理的概念性模式

卡斯特和罗森茨韦克在开放系统思想的指导下，以开放系统和封闭系统为基础，吸收了伯恩斯和斯托克机械系统和有机系统的思想，在表8-1对两种组织系统和外环境系统以及组织内部的亚系统之间的联系进行了对比，揭示了它们之间的内在联系，为研究组织和系统的关系提供了一种框架。他们把此称之为组织和管理方法的权变观的概念性模式。

表8-1　权变观关于组织和管理的概念性模式❶

系统及主要的权衡尺度		系统组织的特点	
		封闭/稳定/机械式	开放/适应/有机式
与环境的关系	一般性质	平静的	动荡的
	可预测性	肯定的、确定的	不肯定的、未确定的
	界限关系	比较封闭、与外界有关系的成员较少、固定的、划分明确的	比较开放的、与外界有关系的成员较多、变化的、划分不明确的
目标与价值系统	目标结构	组织目标是单一的	组织是探求、适应、不断学习的系统，不断地调整自身的多种目标
	组织目标的一般性	效率、稳定、延续	有效地解决问题、革新、增长
	普遍的价值观	效率、可预测、安全、避免冒险	效益、适应性、敏感性、敢于冒险
	目标设置	单一的、明确划分的	多项的、由满足各种受限制的需要决定的
	目标设置过程中所涉及的方面	等级结构（自上而下）	广泛参与的（自上而下与由下而上相结合）

❶　[美] 弗里蒙特·E.卡斯特，詹姆斯·E.罗森茨韦克：《组织与管理》，李柱流等译，中国社会科学出版社1985年版，第571~572页。

系统及主要的权衡尺度		系统组织的特点	
		封闭/稳定/机械式	开放/适应/有机式
技术系统	任务的一般性质	重复的、常规的	变化的、非常规的
	转换过程的投入	同类性质的	不同性质的
	转换过程的产出方法	标准的、固定的、程序化的、数字的	非程序化的、探索的
结构系统	组织的规范化程度	高	低
	程序与规则	较多、具体的、正规的和书面的	很少、一般性的、非正规的和非书面的
	权力结构	集中的、等级的	分散的、网络式的
社会心理系统	地位结构	由正式的等级结构清楚地描述的	非正式的以专业知识和技能为基础的
	作用特点	具体的、固定的	动态的、随任务而变化的
	激励机制	强调外部激励、满足低水平需求	强调内存激励、满足尊重和自我实现的需求
	领导风格	专制的、任务型的、希望稳定的环境	民主的、人际关系型的、能够适应变化的环境
	权力系统	权力集中	权力均等
管理系统	一般特性	等级结构的控制、独立、静态部分的机械结合	网络式的权力控制和交往结构,相互依存的各个部分之间是有机的组合
	决策方法	专制的、程序化的、计算机化的	参与式的、非程序化的、判断性的
	计划过程	重复的、固定的、具体的	变化的、弹性的、一般性的
	控制结构	等级的、具体的、短期的、外部的控制	交互作用的、一般性的、长期的、成员自我的、内在的控制
	解决矛盾的方式	由上级解决、按制度办事、适当妥协、避免公开化	由群体解决、因地制宜,对抗性的、公开的

在卡斯特和罗森茨韦克看来,并不存在普遍的、适应一切环境的普遍有效的组织原则和方法,也并不存在唯一的、最好的组织和管理的方法。在管理过程中,要关注组织内部和环境及其各种变量之间的相互作用。把组织分成封闭和开放、稳定和适应、机械和有机这样三种类型只是相对的,而不是绝对的。从一个组织来看,组织内部的构成也是复杂的,并不能把一个组织简单地看成是封闭、稳定、机械的系统,也不能把组织看成是开放、适应的、有机的组织。组织中有

的部分是封闭的、稳定的、机械的，而有的部分则是开放的、适应的、有机的。组织中的不同部门、不同行业也有不同的特点，如销售部门就比生产部门具有更多的开放性，航天产业早期就比铁路更具有开放、适应和有机的特征。总之，在管理过程中要根据组织及其内部不同部门和生产流程的特点去分析不同的变量及其关系。

第五节　组织处理不确定性的方式

一、从技术和环境两方面来处理不确定性

詹姆斯·汤普森（James D.Thompson）认为，传统的组织重视研究组织目标，他认为应该把注意力从重视组织目标转向重视组织的生存问题。他于1967年指出，应该把多数组织看成是开放系统。他试图在开放和封闭系统之间架设一座桥梁，他指出了从技术和环境两方面来处理不确定性的方式。

（一）组织系统具有封闭性和开放性

在汤普森看来，经典组织理论家把组织看成理性的但又是追求经济效率目标的封闭系统，因此，不受外部环境的影响，他们把注意力应集中在计划和控制的这些功能上。在汤普森看来，组织一方面是服从某种理性，具有确定性。另一方面，组织是不确定的，组织的中心问题是处理不确定性。组织可以通过创造特定的部分来处理不确定性，使其他部门专门化来使组织在确定性或接近确定性的条件下运作。在这种情况下，这些特殊部分就显得非常重要。他认为影响组织不确定性的两大主要因素是技术和环境，因此，要处理组织的不确定性问题就要处理好技术和环境的问题。

（二）通过控制技术变量使组织具有确定性

汤普森指出，通过控制技术变量，排除环境变量，可以使组织具有确定性。技术变量有以下三种。❶

---

❶　James D.Thompson, *Organizations in Action*, Originally Published in 1967 By McGraw-Hill Book Company, Transaction Publishers, 2003, pp.15-18.

1. 流程程序控制技术

流程程序技术涉及一系列相互依存的行动。当该技术以某种固定的速度重复生产一种标准的产品时，就会形成比较稳定的技术。生产过程的重复性会使技术不断臻于完美，也说明了可以通过训练和实践找到最佳的生产方式，把生产过程中的损失和错误降到最低限度，可以使用科学管理的原则对流程进行科学控制。也就是说，一旦形成科学的流程程序，就可以最大限度地利用人力和物力，实现最大的经济效益。但这种技术所涉及的大部分行动受该技术自身内在的流程因素的限制。

2. 标准化的调节技术

当事人或顾客之间是相互依赖的，这种依赖关系是复杂的，每个行动都需要有下个行动与之连接，这种连接有时是跨时空的，这就需要用一种方式来调节这些行为。这种方式就是标准化。在这种条件下，比较适宜使用科层的技术和非人性的规则，调节技术所需要的标准化活动主要受顾客限制。

3. 集中解决特定问题的集约技术

集约技术是"集中使用各种技术手段使某个确定对象发生变化。技术的选用、结合和应用都取决于确定对象本身的反馈信息"。❶集约技术主要用于集中解决某一特殊对象的特定问题。集约技术能否成功受能否得到所需的能力、所需能力的组合是否适当、能否满足个别情况和计划的要求等的影响。

汤普森指出，流程程序控制技术、标准化的协调技术、解决特定问题的集约技术都受特定变量因素的限制。技术理性只有在封闭的系统中才会取得预期的效果。但技术在实施过程中要达到完美，就要求控制所有相关变量或采取封闭系统。在这种条件下，组织就试图把环境的影响从核心技术中排除。

（三）缓冲和减少环境不确定性的方法

1. 通过包围核心技术的方式来缓冲环境的影响

在汤普森看来，组织是一种将投入转化为产出的技术系统。在组织中存在核心技术，如汽车厂里的装配、医院中的治疗和护理、学校中的教学，这些都是组

---

❶ James D.Thompson, *Organizations in Action*, Originally Published in 1967 By McGraw-Hill Book Company, Transaction Publishers, 2003, p.18.

织中的核心任务。可以说，组织要完成的重要工作就是组织中的"核心技术"。在把抽象技术转化为具体行动的过程中，会面临许多核心技术不能解决的问题。技术理性是组织理性的核心。组织理性还与输入行为、技术行为、输出行为3个因素有关，这三者相互依赖，组织理性要求它们相互适应。输出行为与环境也有关系。"在理性的条件下，组织还需要用输入和输出部分包围技术内核的方式来缓冲环境的影响"。❶

储存是缓冲的形式之一。为了适应波动的环境，组织可以掌握一定的原材料，由此来控制输入或输出产品的速度。在输入方面，组织常常会储存供应不太确定和价格波动的资源，这样就可以在市场不稳定的情况下，积累一定的原材料并稳定地把它注入生产过程。在输出方面，组织储存一定的产品，根据市场的变化，在最有利的时机投向市场，这样可以保持组织生产率的稳定。缓冲可以把波动状态的输入和输出转化为一种对技术核心有利的稳定状态。缓冲波动的环境对组织的技术内核是有益的，被充分缓冲的技术内核可以使技术理性达到最大，但它也使组织付出较大的代价。在缓冲过程中，组织理性既要考虑效率的最大化，也要考虑缓冲的费用。

2. 通过缓和输入和输出交易减少环境的波动

在波动的环境下，为了达到效率的最大化和缓冲费用的最小化，组织就需要通过缓和输入和输出的交易来减少环境的波动。汤普森指出："缓冲是对环境波动的吸收，缓和或平整则是减少环境的波动。"❷平整是缓和的形式，它是组织为减少输入或输出环境波动的方法。缓冲是一种储存，相对来说是比较消极的。缓和是激发投入或刺激需求，是比较积极的一种方法，如使用广告、降价促销、采取变化的价格、闲置设备的利用等。但这些方法都需要一定的成本，收效也并不稳定。

3. 预测并试图适应环境的变化

汤普森指出："如果缓冲和缓和都不能解决环境的波动问题，组织就要试图

❶ James D.Thompson, *Organizations in Action*, Originally Published in 1967 By McGraw-Hill Book Company, Transaction Publishers 2003, p.20.

❷ Ibid, p.21.

预测和适应环境的变化。"❶当环境波动的因素是定型的、有规则的，就可以自发对其进行预测和调整。一般来说，环境的变化是有规则的，往往会表现出一定周期的循环。当环境波动是不定型的、无规则的、存在多种力量的作用，就要专门对其进行预测。

4. 用配额方法处理

汤普森指出："当使用缓冲、缓和和预测的方法都不能使技术内核摆脱环境波动的影响，组织就会使用配额处理的方法。"❷采用配额处理的方法并不是最理想的方法，它意味着技术没有得到充分地利用。

二、处理环境不确定性的多层次网络结构

组织总是面临着环境的不确定性，这种不确定性也增大了组织处理信息的量。组织在处理不同程度的不确定性时会采取不同的方式。杰伊·加尔布雷斯（Jay Galbraith）于1973年提出了处理不同程度不确定性的网络结构。这个结构包括规则和程序、等级结构、目标设置、增加信息处理量和减少信息处理量的处理信息的方式。对信息的处理是从简单到复杂的过程，体现了组织不断适应环境变化的机制。

（一）处理稳定环境的方法：规则和程序

在加尔布雷斯看来，组织可以依靠规则来完成简单的和常规性的任务。组织要完成一项常规性任务需要许多人的分工和合作。在确定的、可测的条件下，完成不同环节任务的群体之间通过规则和程序不需要相互交流来协调其活动和组织运行的稳定性。在完成较复杂的任务时仍然可以用规则和程序来调节，但在遇到非常规的和偶然情况时，仅靠规则和程序就不够了，必须要有其他方式来补充。

（二）处理不稳定环境的方法：等级结构

在遇到新的、不稳定的、不可测的、非常规的情况时，需要把相关信息由下级逐级向上传送，由不同阶层进行决策，这种结构是一种等级结构。规则和程序协调常规情况，等级结构协调偶然情况。一般情况下，需要把规则、程序与等级

---

❶　James D.Thompson, *Organizations in Action*, Originally Published in 1967 By McGraw-Hill Book Company, Transaction Publishers 2003, p.21.

❷　Ibid, p.23.

结构结合起来共同进行协调，这样才能保证组织对常规的和意外情况都能够进行协调。

但等级结构也是有局限性。这种局限主要有以下两点。（1）只有在意外情况不太多的情况下等级结构的协调才会有效。如果意外情况太多，这种方式就不够了。（2）等级结构中的每个环节在处理信息方面的能力都是有限的。当过量的新信息被传送到上层之后，就会加大这些阶层的信息量，在新信息的上传和反馈信息的下达之间的信息通道就会堵塞。

（三）处理较不稳定环境的方法：设置目标或授权

加尔布雷斯认为随着组织所面临的复杂性和不确定性的增加，组织要通过目标的设置来对过多的信息进行协调，这是对等级结构的补充。随着任务的不确定性的增加，从行动点到决策点的信息量就超过了科层的承载能力，解决这一问题最有效的方法就是把"决策点下移到信息产生的行动点"。❶在这种情况下，组织不会对参与者提出具体要求，不会对其行为进行严格的控制，不会要求组织的高层能够做出所有的决策，而是要增大组织低层雇员自主决定的力度，授予工作人员一定的自主权。这是通过设置明确的目标、指出其所要实现的结果来协调的。例如，组织中通常由专业人员来完成特定的任务，但专业人员并不是要控制具体的工作，只是对产品的性质进行规定。

组织既要给工作人员一定的自主权，但同时又要保证能够控制雇员的行为，使雇员在合理的范围内活动。为了有效地控制雇员，组织往往会采取两种方式：（1）职业化的方式。传统方式是以工序的集中化和程序化来控制员工的行为，应该通过对员工的技术或职业培训来取代传统的方式。在建筑业和制造业中，就实现了从监督为主的控制向通过选择员工进行控制的转变。这种方式是通过选择可靠负责、有能力、态度较好的具有一定职业道德的员工来进行控制，这就是职业化的控制。（2）建立目标。职业化的方式也并不能使决策过程完全移到组织的较低层次。在相互依赖的情况下，以职业或技术标准进行的选择，对整个组织而言也并不是最理想的选择，从局域或部门角度进行的选择并不完全适合全局。

---

❶ Jay Galbraith, *Information Precessing Model*，转引自Jay M .Shafritz，J.Stever Ott，*Classics of Organization Theory*. Third Edition，Brooks Cole Publishing Company，1992，p.310.

为了解决这些问题，组织通过建立目标来控制主要的相互依赖关系。通过设立目标，一方面可以协调不同任务小组之间的相互依赖关系；另一方面，不是靠规则硬性控制任务小组，而是给予任务小组一定的自主权。这样组织既规定了所要达到的目标，也允许雇员自主选择适合目标的行为。

在加尔布雷斯看来，目标的设置，既取决于任务的不确定性程度，也取决于对任务完成的估计和实际完成任务的情况，因而对组织目标的设计是需要反复修改的，目标的修改需要考虑决策过程和信息处理过程。一般是由较高层对目标进行修改，再把修改后的新目标传达下去，通过这种方式，可以保持相互依赖的亚单元之间的行为协调。

（四）处理更不稳定环境的方法：减少信息和提高处理信息的能力

加尔布雷斯认为，规则和程序、等级结构和目标的设置都是传统的正式组织中采用的处理信息的方法，它可以处理适量的信息。但随着任务不确定性的增加、意外事件发生频率的增多，信息量的不断增加，仅靠这些方式来进行协调就不够了，需要新的协调方法，这就是减少信息和提高处理信息能力的方法。这两种方法都有其正反两方面的效应，需要根据情况进行选择。可以选择其中一个，也可以两者结合。

1. 减少信息处理的方法

（1）建立适量的闲置资源。提高工作标准，就意味着增加资源的消耗，这种附加的资源就叫闲置资源。加尔布雷斯指出："组织通过降低对行为水平的要求就可减少意外情况的发生。"[1]工作标准越高，对协调的要求也就越高。把工作的标准降低，就会产生闲置资源，从而使组织能够具有较为宽松的环境。例如，不对生产部门交货的日期进行设定，就会减少处理信息的需求，不对存货状况进行限制，就无须对市场供求的信息做出快速的反应。

加尔布雷斯指出："闲置资源对组织和顾客来说都是附加的成本。"[2]建立闲置资源，降低行为水平，就可以减少组织执行过程中的信息处理量，也可以阻

---

[1]　Jay Galbraith, *Information Precessing Model*，转引自Jay M .Shafritz，J.Stever Ott，*Classics of Organization Theory*, Third Edition，Brooks Cole Publishing Company，1992，p.312.

[2]　Ibid, p.312.

止组织阶层渠道的信息超载。处理资源的闲置，是组织顺利运作的条件。组织的运作应该留有一定的余地。组织是存在着资源的闲置，但问题是闲置的量。一定的闲置是必要的，过度的闲置会增加组织的成本。资源的闲置通过降低标准从而减少了对信息处理的要求。

（2）创立独立性的任务。加尔布雷斯认为，要减少信息量，就"要实现把以目的性任务为基础的设计向每个群体都有其执行自身任务所需的所有资源的设计转变"。❶创立独立性任务的方法就是从以功能为基础的组织向以产品为基础的组织转变。组织如果按照功能来设计，分工比较多，需要处理的信息就比较多。而按照产品来设计，减少了分工，也就减少了信息源的产生，就会降低信息的处理量。按照产品和地缘类型来设计，缩小了每个单位的规模，也会降低规模经济所需要的成本。

2. 提高信息处理的方法

加尔布雷斯认为，通过以下两种方法可以提高信息处理的能力。

（1）增加对计划和信息源处理的投入。

第一，增加计划方面的投入。组织要有计划，但意外情况发生后需要不断地修改计划，修改的频率越快，需要处理的信息就越多，有时修改计划比重新计划需要的投入更多。在计划方面多投入有助于增加信息处理能力。

第二，增加对信息源处理的投入。要在信息源收集信息，在适当的时机把有用的信息向组织的上层输送，这样会增加信息处理的能力。为了不使组织的信息超载，也允许在执行任务的过程中自主处理信息。

（2）建立横向的、分散的决策机制。

加尔布雷斯指出，横向决策的机制是"把决策转向信息存在的地方，它分散了决策过程，但并没有创立具有独立任务的小组"。❷简单的横向联系由具有同一问题的两个人建立，如两个经理之间直接建立联系就避免了向上级输送信息，也就消除了在信息传输过程中由于等级存在所形成的负担。当两个分任务之间接

---

❶　Jay Galbraith, *Information Precessing Model*，转引自Jay M .Shafritz，J.Stever Ott，*Classics of Organization Theory*，Third Edition，Brooks Cole Publishing Company，1992，pp.312-313.

❷　Jay Galbraith, *Information Precessing Model*，转引自Jay M .Shafritz，J.Stever Ott，*Classics of Organization Theory*，Third Edition，Brooks Cole Publishing Company，1992，p.314.

触较多时，就可以通过建立工作联系的方式来处理部门间的关系。横向决策的模式很多，横向联系使决策过程转向组织的较低层次，也可保证决策过程中信息被保留下来。这种方法成本较高，小组在处理过程中需要较多的时间进行管理，高层领导也需要一定的时间进行联系和整合。

这样，加尔布雷斯提出了一个由规则和程序、等级结构、设置目标、减少信息处理和增加信息处理的四个不同层次组成的信息处理网络结构，这一结构也是由处理简单信息到处理复杂信息、从处理较少信息量到处理较大信息量的过程（如图8-1所示）。

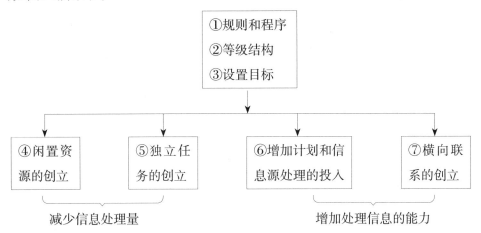

图8-1　多层次的信息处理模型

第六节　组织与环境关系的生态模型

一、组织与环境的生态域模型

在20世纪的60年代，有人研究"任务型环境"的问题，在70年代有人提出情境性环境。这一时期情境性环境也出现了向增加的扰动性环境方向发展的趋势。埃里克·特里斯特（Eric Trist）于1977年提出了组织域的特征，特别是在扰动环境下组织域的特征和调节原则。

（一）组织环境的类型

特里斯特指出，人类面临四种基本的环境。

（1）第一种环境和第二种环境。这两种环境是平静的、随机的、集束的，意味着在环境中没有变化或变化很慢，这种环境是人类习惯了的社会环境。

（2）第三种环境。这种环境是有一定扰动性的环境，与这种环境相适应的组织就是科层制。科层制组织在一定程度上适应了对扰动环境的反应，但也由此产生了许多负面的影响。随着现代交流系统的发展，科层制扩大了扩散的范围并加速了扩散的速度，这就使科层制对适应的反应时间越来越短，更多地集中在短期的特殊的目标上，对长远的目标影响不大，也会产生未预期的结果，这个过程在现代社会也正在增加着环境的扰动性。

（3）第四种环境。这种环境是较高的扰动性环境，也叫失去稳定的环境。组织越大，权力的行使也就越大，传统的科层制对这种环境的适应性是比较低的，它可以应对风险，但不能应对不确定性。如在人力、物力和财政的计划投入越大，要改变它们的方向也就越困难。

在扰动性环境中，不确定性不是存在于扰动—反应的条件之下，而是上升到一个总体的、更高的水平，它是由多种活动组成的情境性域的随机结构所导致的直接结果，这个结构是由多种相互依赖的要素组成的复杂结构。随着扰动的增加，就需要改变科层制的一些原则，要采取存在于组织生态系统中的生态原则。这就是说，不仅仅要坚持从上到下的外部的调节，还要坚持生态原则的调节。特里斯特指出："这是从形式到基础的根本性的转变，它把焦点从单个组织转移到较大的组织系统中。在这个系统中，单个组织是其中的一个部分，这个大系统就是组织域。"❶

（二）组织域的特征和主要的调节原则

1.组织域的特征

特里斯特指出，组织域是"组织间的关系，它是由一些有相互联系的组织组成的，这些组织以总体域为边界组成了一个系统，具有共同的边界"。❷组织生态学研究的"不是某一焦点组织及其组织环境，而是研究由一些组织形成的组织

---

❶ Eric Trist，*A Concept of Organizational Ecology*，转引自Jay M .Shafritz，J.Stever Ott, *Classics of Organization Theory*，Third Edition，Brooks Cole Publishing Company，1992，p.316.

❷ Ibid, p.316.

域。这些组织之间的相互关系在整个域的层面上构成一个系统"。❶组织生态学不是研究与组织环境相关的单个组织，而是研究作为一个系统的组织域的特征，是在组织域的层面上研究组织之间的关系。组织环境的变化使世界变得更复杂和相互依赖，为了理解组织，必须要研究具有共同边界的不同组织之间的关系。组织域是功能性的，它的主要特点是混沌性、无结构性、方向性。

2.组织域的调节原则

工业社会的组织调节原则是科层制原则。它依靠单个的自由企业和以具有较强的自发调节功能的市场机制在生产方面取得了突出的成就，但由于传统的聚集的经济和社会控制是不足的，单个组织也不能进行调节，因为它们是建立在另外的目的的基础上的。

现代社会组织域的调节原则是生态学原则。现代社会面临着巨大的不确定性。生产不再是重要的问题，市场机制也不再像19世纪和20世纪早期那样能够自发调节，这就需要生态学原则的调节方式。生态学调节的方式有以下特点。

（1）中间性。特里斯特指出，组织生态域关注的是介于社会的宏观和微观之间中间层，在社会的宏观和微观之间起调节作用。传统对组织的控制是一种聚集的控制系统，主要是依赖于宏观进行的。这种方式在特定的条件下可以很好地运作，但随着扰动条件的明显增加，集聚的控制系统就会失去效率。在现代社会中，社会领域中结构化程度在中间层面上是薄弱的，因此，要考虑社会组织的中间层面的重要性。需要的不是强化聚集的控制，而是在中间层面上强化社会组织，因为在那里仍然是薄弱和无效的。

（2）具有较高程度的自我调节功能，可以重建较稳定的状态。如果按照组织的生态原则来构建社会结构，这种结构会有更高的自我调节功能，不仅会适应性地吸收大量的扰动性，甚至还会完全地减少它。从长远看，重建更稳定的状态的条件是可以实现的，很多混乱将会消除，甚至随后也不会再产生。

（3）网络性和文化性。从生态学原则来看，组织越来越网络化，组织越来越是文化性的而不是结构性的。

---

❶ Eric Trist, *A Concept of Organizational Ecology*, 转引自Jay M .Shafritz, J.Stever Ott, *Classics of Organization Theory*, Third Edition, Brooks Cole Publishing Company, 1992, p.316.

（三）三类组织域的特征

特里斯特把组织域分成以下三种。

1. 以交界面的关系为特征

（1）通过交界面的关系把组织连接在多元的组织系统中。（2）交界面的关系是协商关系而不是服从关系。（3）交界面的关系是生态系统与科层系统的基本区别所在。交界面的关系是组织生态系统的基础，上下级关系是科层系统的基础。

2. 由行业系统组成的

（1）非科层型。例如，各种委员会，不同类型的委员会彼此之间是非科层的。（2）强化社会中间层面。按照行业设计的系统能够使社会的中间基础更加强化和具有自我调节功能，使它能够吸收在宏观层面上的一些扰动和缓冲微观组织。（3）是调节性的、评价性的，不是生产性的、操作性的。

3. 一种特殊的组织域

（1）没有中心。（2）没有结构。（3）通过文化来运作。这种域的最典型形式是摇滚乐、吸毒等，还有其他公共性的形式。电视、广播、电话、磁带等促进了文化的迅速发展，文化和技术的结合，可以使组织纯粹依赖社会网络而不是依赖正式结构来运作，它可以迅速地在广阔的范围内产生新的共同价值观，这种共同价值观而不是正式的结构，对于在多样化的社会生活中保持一致性起着重要的作用。

（四）组织的转变

随着扰动性环境的上升和对这种环境的适应，随着组织网络化的发展，组织将会发生新的变化。特里斯特指出，这种转变主要是由科层制原则向生态学原则的转变，这种转变主要表现在以下两个方面❶。

（1）从有边界的单个组织向无边界的网络组织转变。传统的组织是单个组织，是有边界的，组织之间不能连接。无边界的网络可以使组织域中的成员相互连接，这是从形式到基础的根本性变革。

---

❶ Eric Trist, *A Concept of Organizational Ecology*, 转引自Jay M .Shafritz, J.Stever Ott, *Classics of Organization Theory*, Third Edition，Brooks Cole Publishing Company，1992，p.326.

（2）从组织人到网络人的转变。在科层制的体系中，人们被特定的组织和正式的角色所束缚，固定在特定的关系范围内，是典型的组织人。组织网络和新媒介的发展，人们可以以更灵活的方式彼此结合，个体愿意冲破固定的组织模式，使用周围更多的角色空间来培养边界的交叉支撑能力，这些人不是传统的组织人而是网络人。这些网络由各种人在不同的层面上、在跨越所有类型的组织中或组织之间的各种边界组成，这种组织形式适合较高的扰动性环境，它是以生态学原则而不是以科层制原则为基础的。

二、组织与环境关系的种群生态模型

迈克尔·汉纳（Michael T. Hannan）和约翰·弗里曼（John Freeman）认为，用生物生态学的模型来研究组织与环境的关系可行但也有局限性，最佳的分析单位不是单个组织而是组织种群。他们于1977年用种群生态学的观点研究组织与环境的关系，认为生态模型对组织和环境关系研究的可应用性和局限性。应该把同型原理、竞争理论、位理论、环境理论有机结合起来。他们分析了竞争与环境变化之间的关系，分析了环境的稳定性和不稳定性、环境的作用持久性和短暂性这些变量及其相互关系，分析了多重环境效应及其不确定性和组织形式之间的相互关系，扩展了同型原理，实际上是指出了组织与环境的生态适应问题。❶

（一）组织结构的惰性决定了组织的选择性适应

组织的适应能力受许多因素的限制。由于组织存在一些产生结构性惰性的压力，这种压力越大，组织适应的灵活性就越低，环境的选择性就越强。组织的结构惰性决定了组织对环境是一种选择性的适应。汉纳和弗里曼分析了组织内部和外部的惰性压力。

1. 组织内部产生的惰性压力

（1）生产工厂和员工的专业化。组织在计划、设备和人员的配置方面是专业化的。对它的投入是一种财产，不能轻易转让。

（2）高层管理者固有的观念和信息的不全面。高层管理者存在着固定的观念，决策者得到的信息是不充分、不全面的，不能够全部掌握组织内部活动和亚

---

❶ Michael T. Hannan, John Freeman, The Population Ecology of Organizations，*American Journal of Sociology*, Vol , 82, No , 5(Mar 1977), pp.929-964.

单位环境变化的信息。

（3）组织结构变化的限制。组织结构的改变涉及跨亚单位的资源重新分配，任何否定性的组织反应都是追求短期利益，要付出很高的代价。工厂对技术和人员进行重组是困难的。

（4）传统力量的阻碍。传统就是一种惯性。组织的惯性限制了组织的适应性，它为那些抵抗组织的力量提供了正当性和组织原则，组织的惯性也不考虑其他可以选择的反应，它增加了变革的代价。

2. 产生惰性压力的外部环境

（1）法律和财政和其他情形产生的进入障碍。组织行为讨论的问题主要是强调进入市场的限制问题，如国家许可的垄断位置。但还存在出入市场的限制问题，如政策阻止公司放弃某些活动等。出入市场的限制对组织适应性的广度都有限制。

（2）对信息获取和处理的外部限制。在波动的情境下需要获得相关环境的信息，组织所雇佣的专家限制了对信息的获取和对信息的处理与使用。

（3）外部法律的限制。组织能够制定的任何法律都是操纵环境的资本。当组织的适应性触犯了法律要求的范围，就会有一定的代价。

（4）缺乏普遍适应的行为方式。建立对多数决策者合理的策略是困难的。适应某些变化环境的单个组织所采取的一系列行动不一定为适应许多竞争的组织所采用。

除了这些因素之外，还有一些组织无法及时、有效改变的其他因素。

（二）以组织的种群为单位研究组织与环境的关系

汉纳和弗里曼认为，一些惰性压力可以在适应的框架内进行调整，为了处理各种惰性压力，必须由选择的观点来补充适应的观点。种群生态学则把重点放在组织的群体上，要用它来研究社会。组织生态学是在个体的、种群的和群落这三个层面上进行分析，对社会组织的研究需要分析成员、亚单位、个体组织、群体组织、团体组织这五个方面。组织生态学要研究的问题是，在各种条件下组织是如何分布的？为什么存在这么多组织？组织是如何产生和消亡的？

（三）从竞争观点看组织的大中小组织选择

哈雷关于组织与环境的同型性的观点有正确的方面但也有局限性。哈雷认为，组织形式的多样性与环境的多样性有同型性。同型性原理说明了社会组织的结构组成部分与其资源调节单元之间存在——对应的关系。这种关系解释了在平衡态的条件下组织形式的变化问题。在每个明显的环境构造中，为了保持平衡，就要有适应环境的组织形式。同型性原理并不是对变化的环境的选择性的适应问题，也没有认识到组织的群体常常面临多样的环境，同型性原理要以竞争理论来补充平衡的反应机制。

组织生态学就以竞争为基础的同型性模型拓展了哈雷的研究，说明了在组织结构和环境需要之间产生同型性的过程。这就提出了谁在选择和选择什么的问题。从公司的观点看，组织的决策者通过一系列组织的行动来选择最大的利润，从组织群体生态学的观点看是环境在选择。个体的组织是有意识的适应，环境选择了组织的结合，这是自然选择的合理性。组织的合理性和环境的合理性在竞争市场中可以结合。因此，公司的行为是实现利润的最大化和通过环境来选择利润的最大化。

哈雷的竞争模型有四个阶段。（1）对资源的需求超过了供给。（2）竞争条件的标准化产生了一致的反应，使竞争变得更加相似。（3）选择和淘汰了最弱的竞争者。（4）失败的竞争者在地缘和功能上都有差异，因此产生了更复杂的分工。❶

汉纳和弗里曼指出，组织生态学以竞争理论为基础，强调竞争决定社会组织的模式。某种组织形式在某种条件下能否得到发展，与其他组织形式是否为了争夺重要资源与它竞争有关。只要维持组织存在的资源是有限的，群体就会使用能力去扩展，就需要竞争。汉纳和弗里曼认为，竞争决定了组织生长过程的本质。他们指出："可利用的资源在任何时候对任何组织都是有限的和固定的。"❷ "组织群体的发展速度取决于固定资源被消耗的多少。环境中未被耗费

---

❶　Michael T. Hannan, John Freeman, The Population Ecology of Organizations，*American Journal of Sociology* , Vol, 82, No, 5(Mar 1977), p.940.

❷　Ibid, p.941.

的资源越多，组织群体增长的速度就越快。"❶莱文（Levin）认为："当群体的增长受到可用资源的限制时，独特资源的资源数量就决定了组织体系多样性的上限。甚至可以一般地说，多样性的上限是独特资源的数量与其他限制生长因素之和。"❷

汉纳和弗里曼认为，从竞争的生态学模型可以看到大、中、小三种组织之间的关系。大型组织的出现不会威胁到小组织的生存，反而会增加小组织的生存机遇。大组织一旦进入市场，会对中等组织形成竞争并威胁其生存，使其陷入困境。在稳定的环境中，大组织的出现会使中等组织的生存更加困难，因为大小型组织都与其竞争并力图把它击败。

（四）从"位"的观点看一般性组织和专门性组织

汉纳和弗里曼指出，种群的生态位是指"在有限的空间内（主要是在资源层面上）种群之间进行竞争的地域范围，它是由所有的资源层面组成的，在这些层面上种群可以生存和再生产"。❸每个种群都占有一个特定的生态位，生态位也说明种群对于环境的适宜程度的差异。如物种A的生态位广阔，物种B的范围则较窄，这就是一般与特殊、一般与专门化的差异。他们认为，一般与特殊、一般性组织与专门性组织的差异与以下几点有关。

（1）与组织对环境的利用情况有关。组织形式在使组织充分利用环境的同时，还要承受由此产生的环境变化所带来的危险。或者是出于对组织安全性的考虑，组织只能对环境进行较低水平的利用。组织形式能否能够平衡分布与环境有密切关系。

（2）与过剩能力的多少有关。一般化组织对过剩需求较高，特殊性、专门性组织对过剩能力需求较低，是有效率的。多数组织都要通过保持一些过剩能力来保证其行为的可靠性。然而在某种不确定的条件下，在迅速变化的环境中，过剩能力在不同时期的内容也是变化的。

---

❶　Michael T. Hannan, John Freeman, The Population Ecology of Organizations，*American Journal of Sociology*, Vol, 82, No, 5(Mar 1977), p.941.

❷　Ibid, p.944.

❸　Ibid, p.947.

（3）与过剩能力被利用的方式有关。组织还可以通过雇用对工作有超常技能和能力的人来把过剩的能力分配在角色中，过剩能力也可以被分配到工序体系的发展和保持的过程中。在稳定条件下，组织可以按照常规运作，可以通过制定规则和在培训在职人员方面进行资源投资来适应这些规则，以达到自身的协调。在不稳定的条件下，组织的运作就缺乏常规性，前面的做法就是不可取的。最佳的方式是把资源应用到能够更适应革新的正规性水平低的体系中。在这种情况下，过剩能力是由增加这种结构做出决策所用的时间和增加的协调所用的成本来体现的。

汉纳和弗里曼认为，组织的形态、组织能否生长与拥有多少过剩能力和如何分配这些能力有关。一般化组织的优势在于从组织群体同时依赖多种资源或在任何时候都能保持过剩能力，过剩的能力使公司善于利用取得的资源，但一般化的组织代价较高。在稳定环境的条件下，一般化不如专门化，特殊性会战胜一般性。

汉纳和弗里曼认为，从种群生态学的观点来看，组织与环境的适应是一种生态适应，这种适应是一种博弈。在这一博弈的过程中，组织群体选择一般性或专门化，再由环境来决定其效果。如果环境状态对某一组织有利，其组织形态就表现出繁荣的景象；若环境对某种组织不利，组织就会出现萧条的迹象。一般说来，在稳定环境下，专门化是最佳的组织形式；在不稳定的条件下，当适宜性是凸形的，一般化是最适宜的组织形式；当环境变化并且适宜性是凹形的，特殊化是最适宜的组织形式；在稳定环境和不稳定环境两种不同状态中快速变化时，一般性组织的损失最大，特殊化的组织则较为适宜。

第七节　从制度性看组织与环境的关系

迈耶（Meyer）和罗文（Rowan）于1977年在分析了组织与环境的两种典型的观点之后，提出应该超越组织与环境的相互作用的观点，从制度性的角度来认

识组织与环境的关系，重视与制度性环境同构对组织的作用。❶

一、应该从制度性研究组织与环境的关系

他们指出，关于组织与环境的关系有两种基本的观点。（1）匹配论。持这种观点的人认为组织与环境是匹配的。如哈雷、汤普森等人认为，通过技术和相互依赖的交换使组织与环境相匹配。由于环境为组织创造了跨边界的要求，组织的结构性要素扩散开来，把这些结构性要素结合起来与环境同构的组织就能够对这些相互作用进行管理。（2）平行论。持这种观点的人认为组织与环境是平行的。帕森斯（Parsons）和尤迪（Udy）认为，组织本身就被一般的制度化环境所限制，从而也成为制度性环境的一部分。埃默里（Emery）和特里斯特（Trist）把组织看成是对环境性结构的直接反应，这种影响与通过跨边界交换所发生的影响有鲜明的区别。按照这种对制度性的理解，组织作为一个明确的、有边界的单位就不存在了。在对上述关于组织与环境关系进行评述之后，他们认为应该超越组织与环境的相互作用的观点，从制度性的角度来认识与制度性环境同构对组织的作用。

二、组织的本质是理性化神话的规定

迈耶和罗文认为，从制度性的角度来看，组织可以被看成是"对在现代社会占主流的理性化神话的规定，而不涉及交换的单位，不管组织与环境之间的关系多么复杂"。❷在现代社会中，由神话所产生的正式结构有两个特征：（1）理性化的和非人性化。（2）很高程度的制度化，它理所当然是合法的。现代社会中理性制度化的增长是一种框架。组织作为一种开放系统，按照这些常模进行的组织，也就在某种程度上获得了合法性和支持。现代世界包含着社会建构的现实和常模，这些都为正式组织的创造和解释提供了来源。他们认为，通过把制度法则结合到自己的结构中，使组织在结构上变得更加一致、更加相似。

三、与制度性环境同构对组织的作用

迈耶和罗文认为，组织是开放系统，对组织产生影响的并不只是效率因素，

---

❶　John W, Meyer, Brian Rowan, Institutionalized Organizations: Formal Structure as Myth and Ceremony，*American Journal of Sociology*, Vol.83, No.2(Sep., 1977), pp.340-363.

❷　Ibid, p.346.

社会性建构的观念体系和规范制度对组织也产生着较大控制和影响作用，他们控制组织的构架和运作。他们的主要作用是：不是从效率而是从外部的合法性来把结构要素结合起来；从外部和礼仪性的评价标准来规定结构要素的价值；依靠外部固定的体制来减少不确定性和保持稳定性。❶具体说来，这些作用主要有以下几点。

（一）改变组织结构并为组织的扩展提供机会

道文林（Dowlling）指出："通过设计在制度化环境中遵守神话规定的正式组织，组织展示了它是可以按照集体价值目标来行动和组织就具有一种合法性，组织也就用其合法性来强化其支持和获得其生存的。"❷

从制度的观点来看，与环境性制度同构的重要方面是组织语言的进化。与制度规则同构的结构性词汇提供了理性的、合法的说明。以合法性词汇来描述的组织被看成是倾向于从集体性来规定通常也是从集体的角度来授权和终止的。理性化的制度创造了一种正式结构的神话，这种结构可以形成组织，也为组织的扩展提供了很大的机会。

（二）把组织结构和较高的仪式价值结合起来，使组织具有适应性和更容易被认可

迈耶认为，制度性环境重视仪式的价值，往往"采取外部的评价标准"，❸如诺贝尔奖仪式、重要人物的出席等仪式，这些有价值的仪式标准、来自具有生产功能的仪式都对组织起着重要的作用，它们使组织与内部的参与者、股东的关系合法化了，从社会层面上展示了组织的适应性。把组织结构与较高的仪式价值结合更有利于社会对组织的认可。

（三）对组织的稳定性起着重要作用

与制度性环境的同构有助于稳定外部和内部的组织关系。这是因为：（1）它是更大系统的一部分。由于给定的组织是更广范围系统的组成部分，也就产生了

---

❶　John W, Meyer, Brian Rowan, Institutionalized Organizations：Formal Structure as Myth and Ceremony，*American Journal of Sociology*, Vol.83, No.2(Sep.,1977), p.348.

❷　Ibid, p.349.

❸　Ibid, p.350.

稳定性。（2）它具有合法性。由于制度性环境是被社会所接受的合法性的亚单元，它使组织不受因技术性能变化所带来的直接影响。（3）它是靠协议而不是靠性能来支持稳定性。迈耶和罗文指出，制度性环境"对稳定性的支持不是靠性能而是靠协议来保证的。被控制的制度化环境可以对组织的不确定性起缓冲作用"。❶

（四）提高了组织的生存和成功能力

制度化环境把正式结构中那些社会化的合理要素结合起来，能够使组织最大限度地达到合法化，也更容易获得资源和生存能力。迈耶和罗文指出："组织成功并不是依赖对生产的有效的协调和控制，依赖生产效率。组织的存在在于制度性环境，组织的成功在于与这些环境的同构获得合法性。"❷把正式组织结构中那些社会化的合法的理性要素结合起来的组织能够使其合法化达到最大化，也就能够增加获得资源和生存的能力。

第八节　组织对环境的依赖和环境对组织的作用

一、组织对外部资源的依赖

杰弗里·普费弗和格拉尔德·萨兰奇科在研究组织与环境的关系时，强调了组织外部因素对组织的作用，提出了组织对外部资源依赖的观点。他们认为，没有一个组织是自我满足的，为了生存他们必须要与环境进行交换。组织需要从环境中获得资源，这些资源的重要性和稀缺性决定着组织对环境依赖的程度。个体对组织的后果几乎没有太大的影响，组织的情境对于组织成就的作用更大。

（一）组织对资源的依赖程度是通过有效性来说明的

普费弗和萨兰奇科认为，所有的组织都是在与环境进行资源交换中生存的，不理解组织在其中活动的背景，就不能理解组织的结构和行为。资源依赖的观点主要研究组织如何生存的问题，生存的关键是获得和保持资源的能力。组织的生存就是扩展其有效性的范围，有效性就是评价生存能力的标准。有效性的主要特

❶　John W, Meyer, Brian Rewan, Institutionalized Organizations：Formal Structure as Myth and Ceremony，*American Journal of Sociology*, Vol.83, No.2(Sep.,1977), p.351.

❷　Ibid, p.352.

点有以下两点。

1. 有效性说明能够满足与其活动有关资源需要的程度

普费弗和萨兰奇科指出："组织的有效性是创造一种可接受的成果和行动的能力。"❶ "组织有效性的重要方面是组织被组织外部成员所接受和评价它的活动，组织能够通过操作、影响和创造，被外界接受它和它的活动。"❷ 在他们看来，有效性作为一个外部的评价标准，是说明能够满足与其活动有关资源需要的程度。

2. 有效性是对组织所做工作的有效性以及组织所消耗的资源的评价

在普费弗和萨兰奇科看来，组织的有效性是综合性的、外部的标准。它包括经济但更多的是从社会政治方面来评价组织的，反映的是对组织所做工作的有效性以及组织所消耗的资源的评价。组织的有效性与组织效率的评价方式是不同的。组织效率的评价方式的特点是：（1）只从组织内部评价组织，是组织表现的内在标准。（2）只看完成任务的情况，不管所要完成的任务是否应该做。（3）只是通过消耗的资源和产出的结果之比来测量，不是综合的评价。

（二）组织自身影响组织与环境的关系

1. 组织环境的主要特点

普费弗和萨兰奇科认为组织环境具有两个特点。（1）全面性。组织环境包括了与组织活动以及所取得的成就有关的一切事物。（2）创造性。组织环境不是给定的现实，是通过关注和解释的过程来创造的。

2. 组织自身是影响组织对环境反应的重要因素

普费弗和萨兰奇科认为组织自身是影响组织对环境反应的最重要的因素，主要有以下两点。

（1）组织的不同部门、不同位置和人员对环境的关注点是不同的。他们认为，可以把组织看成是具有收集、选择和保持信息能力的系统。对组织的不同部门、位置和人员而言，组织只能是关注环境的某些方面，而不能关注更多和所有

---

❶ Jeffrey Pfeffer，Gerald R .Salancik, *The External Control of Organizations: A Resource Dependence Perspective*，转引自J.Steven. Ott，Jay Shafritz，Yong Suk Jang, *Classics Readings in Organization Theory*, 7th Edition, Wadsworth Cengage Learning，p. 524.

❷ Ibid, p.524.

方面。

（2）组织情境是影响组织活动的重要因素。组织如何认识环境、关注环境、加工信息，这些组织情境是影响其行动的重要方面。

3. 个体对组织后果的影响是有限的

组织自身是影响组织与环境关系的重要因素，但并不是说个体完全没有作用，但个体的作用是有限的。普费弗和萨兰奇科用"约束"的概念来说明个体作用的有限性。

二、 组织环境对组织的影响

组织生态学是应用生物生态学的模型研究组织与环境的关系。格伦·卡罗尔（Glenn R.Carrol）和迈克尔·汉纳（Michaet T.Hannan）于2000年用人口统计的方法研究组织生态学，分析了组织环境的构成因素和作用条件。从这个观点看，组织环境是竞争、选择和最适合生存的核心。组织生态学模型像达尔文的进化论那样，认为自然选择的过程是在组织中和组织间进行的，组织不能通过决策来适应环境的变化，相反，环境在不同的组织形式中选择最适合的组织。

（一）组织环境对组织数量、多样性、形式和变化的影响

卡罗尔和汉纳指出，组织环境是由资源、政治力量、技术革新和种族认同四个基本因素构成的，这四个因素对组织有不同的影响。

1. 资源决定新组织的多少

组织依赖人力和物质的资源。卡罗尔和汉纳指出："新组织中资源的可利用性意味着潜在的流动的资源是充裕的，可以与其他社会单位竞争。"[1]在理性的常模下，新组织创立的比率是随着资源水平的增加和其他小组和组织不能控制他们而增加的。他们指出，人口的增长和经济的发展就是环境条件起作用的典型例子。在这种条件下资源是上升的，但这些条件也总是导致新组织的产生。因为在这种条件下存在着一些公司，它们拥有竞争的位置可以在新组织产生前吸收这些资源。

---

[1] Glenn R.Carrol，Michael T.Hannan, *The Demography of Corporations and Industries*, 转引自J.Steven .Ott，Jay Shafritz，Yong Suk Jang, *Classics Readings in Organization Theory*，7th Edition, Wadsworth Cengage Learning ,2011，p.534.

2.政治力量决定组织的多样性

影响组织多样性的主要政治力量是社会革命。革命摧毁了一些阶级结构和政治结构，也建立了其他的一些结构。社会革命和政治危机不可避免地改变了社会中组织的组合。

3.技术革新决定新组织的特点

通过技术革新和其他的终端使技术发展起来。技术的发展通常是从工业的外围开始的。技术的发展也带来了组织结构的变化，技术的革新产生了新的组织形式。

4.种族认同决定组织变化

在人群中社会建构起来的认同感的分布也对组织产生重要影响，这种影响一般是在少数民族迁徙到先进的经济区域时发生的。

（二）组织环境发生作用的方式和条件

1.发生作用的方式

（1）组织发展的某个关键发展阶段所发生的事件会具有持久的甚至可能是终身的后果。他们指出，"环境的重要作用是一种给组织刻下终身印记的形式，把某些特殊的环境特征和组织结构联系起来，并影响它的发展和生存机遇"。❶

（2）组织不同时期的结构对组织的影响是不同的。斯廷奇科姆（Stinchcombe）认为，在组织中，并不是所有时期的所有事件都对组织产生重要的影响，只是组织的特殊时期的特殊事件会对组织产生较大影响。在组织的创立时期，社会的、经济的结构会对新组织产生最大的影响。

2.发生作用的条件

组织产生重要而深远的作用需要两个条件。（1）把环境条件与组织联系起来。（2）能够把这种重要而深远的影响特征保持下去。如果这个条件不能满足，组织结构后期的变化就会消除组织建立时的环境条件和这些特征之间的联系。

---

❶ Glenn R.Carrol，Michael T.Hannan，*The Demography of Corporations and Industries*，转引自J.Steven .Ott，Jay Shafritz，Yong Suk Jang，*Classics Readings in Organization Theory*，7th Edition，Wadsworth Cengage Learning，p.537.

第九章　组织的重构和发展趋势

在20世纪后期和21世纪，信息技术、后现代思潮、社会和生态环境的变化使组织观念、结构等都发生了重大变化，组织发展出现了新的趋势。

第一节　概述

一、历史背景

（一）信息技术对组织产生了重要的影响

（1）增加了组织的不确定性。在古典的组织观看来，组织是确定的，存在确定的因果关系。在系统论的观点来看，尽管组织是复杂的、多因素的系统，但组织也存在确定的因果关系。信息高速公路和虚拟组织的出现，使信息能够迅速传播，信息的多样性、丰富性强化了组织的混沌性和不确定性。

（2）信息技术时代的组织更能够适应变化的环境。在信息技术时代，环境变化非常快，新的组织更能够适应这种环境的变化。因而就出现了虚拟型、市场型、知识连接型、细胞状、蜂窝状、网络式等组织方式。

（3）信息技术使组织具有了新的特点。信息技术时代的组织具有无序性、无常性、短暂性、过程性的特点。在信息时代和信息社会，组织会向更小、更灵活、扁平的、没有等级的方向发展。凯特提出了后企业模型，汉迪提出了未来社会主导的3种组织类型是3叶式的组织结构、联盟组织和3I组织。

（4）信息技术冲击着传统的组织观念。信息技术的发展可以使人们认识和加入世界范围内的观念共同体，传统意义上的团体和组织感不存在了，人们生活在全球化和局域化的冲突之中。

（二）后现代思潮对组织的影响

后现代主义是反思现代化出现的新的思潮，后现代思潮对组织的研究的方法和组织的观念产生了重要影响。（1）组织是建构的。为了适应变化的环境，组织正朝着更有弹性的、更灵活的方式进行建构。（2）组织呈现出整体化与局域化的趋势。在后现代主义者看来，我们的世界变得更全球化，同时也变得更局域化和差异化。（3）组织具有不可测性。在后现代社会中，混沌性占主导，社会具有不可预测性和复杂性。后现代思潮反映了这种不确定性和混沌性。

（三）组织与社会、组织与环境的关系越来越密切，这对组织产生了重要影响

（1）社会与环境、企业与社会之间是相互作用的。传统的观念是把组织看成封闭系统。在这种观点来看，企业是在封闭的系统中追求利润，而不考虑环境的影响，不考虑企业的社会责任，对企业成就的评价也只是以利润为唯一标准。新的组织观念把组织看成是与环境相互作用的开放系统。组织影响着社会，社会也影响着组织。企业要从更广的社会背景中来考虑其与社会的关系，要认识企业与企业、企业与政府、企业与环境的相互作用。一方面，企业为社会创造了大量的财富，对社会产生着重要的影响作用。在创造社会财富的同时，也出现了一些新的问题，如环境污染、资源浪费等问题。另一方面，企业的发展也受社会的影响。如企业要考虑社会的要求，企业不仅完全依赖市场，也受政府的调控，同时也承担着一定的社会责任。企业的管理需要处理好组织与社会的关系。一方面要认识到社会对企业的制约性，企业的管理是在经济环境和社会的大环境中进行的。另一方面，企业也要积极应对社会提出的挑战，要通过自我调节和控制达到组织与社会的动态平衡。如企业的社会创业才能、强调企业的社会责任感就是实现这种平衡的表现。

（2）社会价值观的变化要求企业重视社会责任。社会价值观的变化也影响到企业管理者的价值观。社会价值观中出现的社会责任、保护环境、鼓励创新、财富观念等对企业都产生了重要影响。因此，企业的社会责任、财富观念也会随

之发生变化。

（3）企业与社会、生态环境的关系越来越密切。在当代，企业与社会、生态环境的关系越来越密切，涉及的因素也越来越多，涉及经济、文化、环境、政治的综合作用。如企业的公民性、企业的社会责任、社会创业才能等都不单单是社会问题，而是经济、社会、文化、政治、环境等因素综合作用的结果，体现的是政治、文化、环境、经济和社会的统一性问题。企业不仅提供产品和服务，也要考虑企业行为的社会后果，如环境问题、资源保护等。企业的社会责任与社会效益之间也是关联的。具有社会责任的企业反而会获得更大的经济效益，企业不仅是经济组织，它和社会之间的联系越来越密切。许多社会问题的产生都与公司有关，而社会条件的改进也对公司的生存和发展有重要影响。

二、研究的主要内容

1. 组织的本质和边界问题

传统组织本质的特点是满足人际交往的需要，传统组织的边界是确定的，虚拟组织改变了传统组织的本质和边界。

2. 组织的重塑问题

组织的重塑包括组织结构、企业的社会责任、社会性企业的效益观和评价体系等方面的重塑问题。

3. 组织发展的趋势

信息技术的发展使组织出现了新的趋势，这些都是需要研究的。

三、基本假设

（1）组织不是理性的实体，而是处理信息的实体。

（2）组织是不稳定的、不确定的。它就像火一样，是瞬息万变的，不可捉摸、不可逆、不确定。

（3）组织是矛盾的统一体。从信息社会来看，组织充满着矛盾，如整体与局部、主观与客观、建构与解构、文化与实体、虚拟与现实、物质与精神，组织就是这些矛盾方面的统一体。

（4）组织是经济、社会和环境的统一体。应该从经济、社会和环境三者统一的角度来认识组织。

四、组织的观念和概念

（1）组织是混沌。

（2）组织是处理信息的实体。

（3）组织是复杂的信息技术系统。

（4）组织是团体、球状体、价值联盟、互联网等。

（5）组织是经济、社会和环境的统一。

第二节　组织的重构

一、公司的重构

迈克尔·哈默（Michael Hammer）和詹姆斯·钱普（James Chmpy）于1993年研究了信息技术在公司再造中的作用。他们认为信息技术对公司的再造本质上是一种革新，是通过技术力量来实现全新的目标。组织的再造就是打破组织的旧规则并创造一种新的运作方式，使组织转型。他们指出了从信息分享、专家系统、商业管理模式、决策模式、办公方式等几个方面研究了公司的重构问题。❶

（一）可以在不同地点由不同的人共同分享信息

哈默和钱普认为，传统保留信息的方式是靠归档文件夹的一对一的方式进行的，组织中的信息在某时只能在某地出现。当信息被存储在纸上并被保存在文件夹里时，在同一时间也只有一个人可以看到它。共享软件技术突破了传统的一传一的文件传递方式的限制，一个文件可以同时在多个地方出现，许多人可以同时使用这些信息。共享软件技术打破了时空限制，使信息同时可以在不同地方由不同人共享。这就实现了"信息在某时只能在某个特定地方出现向信息在需要时可以在许多地方同时出现"❷的转变。

（二）人人都可以分享到专家的知识和从事专家所从事的工作

哈默和钱普认为，专家系统可以使一般人也能做专家所从事的复杂工作。当时人们设想可以利用专家系统把存储在计算机软件上的具有很高熟练程度的专家

---

❶　Michael Hammer，James Champy，*Reengineering the Corporation*，Harper Collins Publishers，1993，pp.83-101.

❷　Ibid, p.92.

的专业特长自动化，但技术不可能完全做到这一点，技术不能取代专家，但人们可以分享以计算机为基础的专家的知识。"专家系统的真正价值在于可以使那些相对来说没有技能的人也能够按照接近高水平专家的方式去操作"。❶由协调系统所支持的多面手也可以做许多专家的工作。

（三）可以同时进行集中和分散的管理

哈默和钱普认为，由于技术手段的限制，传统的商务管理很难处理好集中和分散的关系。远离总部的各个部门要能够很好地发挥作用，就要赋予其独立性和自主权，需要让部门根据情况自行决定和实施。但有的决策需要请示总部，需要通过旧的电话甚至快递等来回传递信息，这就需要集中的控制。

远距离交流网络可以使商务管理做到同时集中和分散。（1）由于信息技术可以使总部和一线办公室具有共享能力，使一线办公室和总部之间的关系发生了变化。信息网络可以使总部与一线办公室在不同地点同时得到相同的信息，每个一线办公室都可以作为总部的一部分，总部也可以成为每个一线办公室的一部分。公司就可以进行分散、集中或把二者结合起来。（2）信息技术需要分散，但也建立了一线单位与其上级的直接关系。如银行业把分支机构作为中心来看待，但许多银行现在仍然把分支机构看成销售点，不是包含自我在内的组织。自动取款机和其他网络服务意味着分支的交易会马上在中心银行的账面上显示出来。由于现在的分支仅仅是个销售点，银行可以通过它与顾客保持密切的关系，而不需要对运作进行必需的控制。

（四）人人都可以决策的扁平式决策

传统的基础是金字塔式的决策。哈默和钱普指出："工业革命时代是科层决策，所有的决策都是由管理者做出的。工人只是完成自己应该完成的任务，而不对此进行思考或决策。"❷决策不是根据工人的观点而是根据拥有信息的多少来做出的。管理者在信息来源、获取的信息量等方面有独特的优势，与一线管理者和工人是不对称的，因而能够做出更优的决策。信息技术的发展使决策向扁平化方向发展，决策不仅是管理者做出的，每个人都应该和可以进行自主决策。这是

---

❶ Michael Hammer，James Champy, *Reengineering the Cprporation*，Harper Collins Publishers, 1993, p.93.

❷ Ibid, pp.95-96.

因为：（1）个人决策是适应环境变化的需求。过去一切都由上级决策，一线人员只是执行。信息时代一切都是瞬息万变，一切仅靠由上级进行决策就无法适应变化的环境，一线人员必须随时根据自己所处的情况进行决策。公司也认识到要授予一线工人自己决策的权力。（2）要进行个人决策，仅靠授权是不够的，个人必须有能力进行决策。信息技术为个人决策提供了条件。现代软件技术拓宽了管理者的信息通道，也打开了一线工人获取信息的通道，过去只有管理者可以得到的信息，一线工人现在也可以得到并依据这些信息进行决策。

（五）不固定的办公和取消一线办公室

办公室是人们必需的固定工作场所。哈默和钱普指出，无线数据通信和手提电脑使办公方式发生了变化，这种转变表现在以下两个方面。（1）从固定办公室向不固定办公室转变。过去，一线工作人员需要在固定的办公室工作，在办公室接收、保存、检索和传送信息。无线数据通信和手提电脑的使用，使一线工作人员在任何地方都可以传送和接收信息。任何职位的一线人员都几乎可以在任何地方要求阅读、处理、使用、传送这些数据和材料，而不需要把它送回办公室去做这些工作，无线数据通信可以使使用者发送数据。随着日益增加的微型终端和计算机的发展，人们可以和信息的来源进行连接。（2）从对一线办公室的依赖向取消一线办公室转变。过去，一线办公室是组织运作的基础，工作的运作离不开一线工作人员。无线数据通信使这种情况发生了变化，对工作进展的了解等工作，也可以不完全依赖一线工作人员，可以取消一线工作人员的办公室，总部可以随时知道一线工作人员所知道的一切，反之亦然。

（六）可以用互动光盘进行购物

哈默和钱普认为，传统的购物方式是在人与人之间的直接联系中进行的。互动光盘的使用改变了传统的购买方式，它可以用互动光盘代替人与之间的直接联系，整个购物过程是非人化的，它能够更有效地传递商品信息。它允许观看者在计算机屏幕上看这些光盘，然后提问题并在屏幕上回答问题。一些零售商可以利用互动光盘来与顾客进行商讨，可以在任何一个商店通过看光盘来选择产品，通过信用卡来订购。

（七）可以随时了解信息和修改计划

哈默和钱普指出，由于受条件的限制，过去不能随时了解事情的进展。自动识别和追踪技术可以随时了解事情的进展和确定所要寻找对象的位置。例如，大卡车装有这个系统，会随时自动告诉它的位置和随时到达所要到达的目标。

由于条件的限制，过去对计划的修改是定期的。高性能的计算机的使用可以根据情况随时对计划进行修改，而不受时间的限制。

二、企业社会责任的重构

在20世纪70年代提出企业的社会责任包括三个圈。内圈是有效发挥经济作用的明确的基本责任，如产品、工作、经济增长。中圈包括在对变化的社会价值观及其如环境保护、顾客等优先项目关注的情况下，发挥其经济作用。外圈是新的、无定形的职责及企业应该更多地参与改进社会环境的工作。❶卡罗尔（Carroll）和巴克霍尔兹（Buchholtz）认为，当代社会产生的一些社会问题，公司也有部分责任，公司也有责任解决这些问题。企业要想得到更好的发展，就必须创造更好的社会条件，好的社会条件也有利于公司的发展。随着社会的发展，公司的社会责任的内容也发生了变化。他们于2006年研究了公司的社会责任，提出了公司社会责任的重构问题。❷

（一）公司社会责任发展的三个阶段

公司的社会责任经历了从被动遵守到积极主动地行动、注重实施的效果三个阶段。

卡罗尔和巴克霍尔兹指出，早期的社会责任是以遵守、服从为主的。社会对企业提出了要求，企业就要遵守这些要求。这些责任包括经济、法律、伦理、慈善四个方面。（1）经济责任。社会对企业的要求是：企业应该追求利润最大化，为投资者提供有吸引力的回报。（2）法律责任。法律是社会对企业的最低要求。社会对企业的期望是：企业应该遵守一切法律，包括环境法和消费法；保

---

❶ [美] 弗里蒙特·E.卡斯特、詹姆斯·E.罗森茨韦克：《组织与管理》，李柱流等译，中国社会科学出版社1985年版，第167页。

❷ Carroll, Buchholtz, *Business and Society*, 6E,2006,South-Westem, a part of Cengage Learning, Inc，转引自J Steven Ott, J M.Shafritz, Yong Suk Jang, *Classics Readings in Organization Theory*, 7th Edition. pp.424-438.

护雇员；遵守合同，诚实守信。（3）伦理责任。社会对企业的期望是：企业要做正确的、公正的、正当的事。（4）慈善责任。社会对企业的期望是：企业要回馈社会，要为社区的发展提供项目支持，包括教育、医疗及人力服务、文化和艺术等项目，开展志愿服务。

随着社会和企业的发展，企业的社会责任又进一步发展了。卡罗尔和巴克霍尔兹指出，企业社会责任是社会对企业的要求，是企业需要遵守的。公司的社会性反应是企业对社会需求做出的主动性反应，体现了企业在落实社会责任过程中的主动性，它强调了社会责任的行动方面。社会责任不仅是遵守，更是行动和实施。公司的社会性反应是企业把社会责任进行操作和付诸实施的过程。卡罗尔和巴克霍尔兹指出，公司的社会责任不仅是行动，还要考虑实施的效果，这就需要研究公司的社会表现。公司的社会表现是企业社会责任发展的第三个阶段。公司的社会表现是指企业在接受了社会责任和做出社会性反应之后所产生的后果，强调的是效果。

（二）重构公司社会责任的三个方面

重构公司的社会责任，就要研究公司的社会表现及其相关内容，它主要包括以下三个方面。

1. 公司社会表现的基本框架

要研究公司的社会表现就要建立公司的社会表现框架。社会表现的基本框架主要包括三个方面：（1）社会责任模型。包括经济的、法律的、伦理的和慈善的方面。（2）社会表现的哲学模型。包括反应、防御、适应和预先行动。（3）社会表现所涉及的利益相关者。包括消费者、环境、雇员等。

2. 社会表现、经济表现、企业声誉三者的关系

卡罗尔和巴克霍尔兹指出，企业的社会表现、经济表现、企业声誉三者之间存在内在的相互关系。企业越是有社会责任，经济效益也就越好。公司的声望驱动着经济行为，经济上越是成功，社会声望就越高。经济表现是社会表现的驱动者。经济成功时，企业就需要更高水平的社会表现。

3. 从经济、社会、环境三个方面的底线来看公司的社会表现

从狭义看，应该从经济、社会和环境方面来描述企业的表现。经济底线指的

是公司所创造的物质财富。社会底线是指生活质量和个人、团体、民族之间的平等。环境底线是指对自然环境的保护和保持。从广义上看，它包括了价值观、财富、社会过程等诸多方面，其目标是使企业能够得到可持续发展。

三、 社会创业才能的重构和特征

奥特等指出，长期以来在社会中一直是商业价值占主导地位，政府和非营利组织与商业组织之间的界限非常明确。在过去几十年里，非营利组织和商业组织之间鲜明的界限日益模糊，社会创业才能成为一种全球性现象。这种现象的出现，是对经济、社会经济和政治压力的部分的反应。对社会创业才能的探讨成为组织研究的重点问题之一。约翰恩纳·梅尔（Johanna Mair）、杰弗里·罗宾森（Jeffrey Robinson）、凯·霍克尔特斯（Kai Hockerts）于2006年列举了关于社会创业才能的多种观点，提出了社会创业才能的重构和特征。❶

（一）社会创业才能的重构

（1）从创业的主体看，是私人、非营利组织和政府的结合。奥特认为，创业的主体是由私人、非营利部门和政府部门中有创造力的人和组织组成的。

（2）从创造价值的方式看，是商业、慈善和社会事业的结合。奥特认为，传统的价值创造的方式是以商业为主导。社会创业才能把商业、慈善和社会事业结合起来。在奥斯丁看来，价值是在非营利的、商业的和公共部门或这些部门之间产生的。罗宾森认为，社会创业才能是创造性的、社会性的过程，它包括创造一个社会取向的营利性的或企业取向的非营利性的实体，是追求双向或三向底线的过程。霍克尔特斯认为，社会性的商业企业是在以利润导向性的商业世界与社会使命驱动的公共和非营利组织相结合的企业，它跨越了二者之间的边界，但又与它们并不完全相同。奥特认为，过去几十年里出现了非营利组织和商业组织之间界限日益模糊的趋势。一方面，非营利组织的社会创业才能日益强化，具有企业的特性，许多非营利组织在市场中也获得了很大的成功；另一方面，许多营利性企业也试图为跨地域的股东和有利益交换的股东提供利益。

❶ Johanna Mair, Jeffrey Robinson, Kai Hockerts (eds) (2006) "*Introduction.*" *In Social Entrepreneurship*, Now York：Palgrave Macmillan. 转引自J.Steven .Ott, J.M.Shafritz, Yong Suk Jang, *Classics Readings in Organization Theory*, 7th Edition, pp.453-454.

（3）从价值标准看，是经济效益、生活质量和环境效益三者的统一。社会创业才能的发挥依靠市场的运作，但其成功不仅是以经济效益为标准，也以生活质量的改善和环境效益为标准。德沙（Desa）等认为，技术性的社会企业是通过可持续发展和技术的驱动创新来满足社会的需要。哈格（Haugh）认为，社会企业包括各种为了社会目的进行贸易的组织，其共同的原则是以企业为导向的方式来实现社会目标，其目标是关注社会期望的、非经济的社会目标，其成果是提供服务而不仅以经济效益为标准。克里福特（Clifford）认为，生态创新型组织是新型的组织，它包括环境的、社会的和经济的方面，这与创业能力的概念是一致的。

（二）社会创业才能的特征

1. 创造性、价值性和实践性

社会创业才能强调创造性、价值性和实践性，而且这三者之间是密切联系在一起的。在奥斯丁看来，社会创业才能是社会价值的创造活动。乔（Cho）认为，社会创业才能是把经济目标和终极价值目标相结合的制度性实践。皮里尼（Perrini）等认为，社会创业才能是由个人或团队创造的动力学过程，由此驱动着社会革新，创造新的社会价值。西勒斯（Seelos）认为，社会创业的过程是确定和应用实践性的方案解决社会问题的过程，是通过发现新的产品、设施或途径进行创新的创新过程，其焦点在于创造社会价值。梅尔（Mair）认为，社会创业才能是对资源组合的创造性应用。

2. 理想性和变革性

社会创业的根本目标是为了使世界变得更好。要实现这些梦想，就需要改变这个世界，要依靠创新和实践来实现梦想。皮里尼认为，社会创业才能是社会变革的促进器，是通过打破常规思维、展示新观念引领变革。

3. 解决局部性和全球性问题

随着社会的发展，全球性的问题越来越多，也越来越突出，单靠传统的方式不能解决这些问题，这就需要依靠社会创业才能来解决这些问题。社会创业运动是由在私人、非营利部门以及政府部门中有创造力的、问题解决能力的个人和组织构成的，是为了解决一系列局部的和全球性的社会问题而产生的。

四、 社会性企业的效益观和评价成就指标体系的重构

组织是与环境相互作用的开放系统，组织与社会、生态环境密切相关，企业与社会、环境的关系也密切相关。哈格通过研究收入对苏格兰北部地区农村的六种企业的影响，指出了社会性企业是超越经济效益和个体的回报的。她重构了社会性企业的效益观和评价成就的指标体系。❶

（一）社会性企业的效益观包括经济效益、社会效益、环境效益

1. 经济效益

企业经济效益包括直接的经济效益和间接的经济效益。

（1）直接的经济效益包括创造新组织、雇用机会和收入。

（2）间接的经济效益与以下相关：地方人口的技能水平的提升；在社区和地区内增加货币流通和保持货币稳定，创造新的就业人口可以节省公共费用，为地方和国家税收增加收入。

2. 社会效益

企业的社会效益包括直接社会效益和间接社会效益。

（1）直接的社会效益是减少社会的隔离和强化整合。

（2）间接的社会效益是增加个体的独立感、授权以及整个社区的活力。

3. 环境效益

企业的环境效益包括直接环境效益和间接环境效益。

（1）直接的环境效益是改善社区的基础设施，修复和重新利用旧的建筑，建设运动场和休闲设备，撤除危险设施。这些效益改善了居民社区的外观，使其成为更宜居的地方。

（2）间接的效益是改善环境背景，增加环境魅力。

（二）社会性企业评价成就的指标体系

组织是与社会、环境相互作用的过程，涉及组织与个人、组织与社区、组织与地区之间的关系，这就需要建立新的评价成就指标体系。哈格从个人、企业、

---

❶ Helen Haugh, *Social Enterprise：Beyond Economic Outcomes and Individual Returns*，转引自J.Steven Ott，Jay.Shafritz，Yong Suk Jang，*Classics Readings in Organization Theory*，7th Edition. Wadsworth Cengage Learning，pp.461-467.

社区、地区四个方面对直接和间接的经济成就、社会成就和环境成就进行评价，这种评价更全面、更具体、更具操作性。

1.经济成就

（1）直接经济成就。个人方面：工资。企业方面：雇员数量、营业额。社区方面：新企业数量、创造的就业岗位。地区方面：新企业的数量、创造的就业岗位。

（2）间接经济成就。个人方面：个人能力和就业前景。企业方面：附加的新岗位和资金流的增加。社区方面：附加的新岗位、资金流和税收。地区方面：附加的新岗位和资金流、地方税收等。

2.社会成就

（1）直接的社会成就。个人方面：就业渠道的增加和生活质量的提高。企业方面：文化的认同。社区方面：提供服务和对社会资本的贡献。地区方面：提供各种服务和对社会资本的贡献。

（2）间接的社会成就。个人方面：自信和独立性。企业方面：社交机会、信任感。社区方面：社区活力。地区方面：地方活力。

3.环境成就

（1）直接的环境成就。个人方面：工作环境的改善。企业方面：旧建筑的更新。社区方面：基础物质设施的改造。地区方面：基础物质设施的改造。

（2）间接环境成就。个人方面：生活环境的改善。企业方面：增加生活环境的吸引力。社区方面：生活和工作环境水平的提升。地区方面：生活、工作和旅游环境的改善和提升、可持续发展的程度。

第三节　组织发展的趋势

一、组织发展的虚拟性、无边界性、扁平化的趋势

信息技术的发展使组织形式发生了重大变化，这就需要更新组织观念。巴特·维克多（Bart Victor）和卡罗尔·斯蒂芬斯（Carroll Stephens）于1994年分析信息对组织的影响，指出组织发展的趋势和一些应该引起重视的问题。

（一）虚拟化趋势

维克多和斯蒂芬斯指出，传统组织中的人际关系是以近距离的、相互交流为基础的，组织可以满足人际交往的需要。组织中人际关系是熟悉的、可靠的、有归属感的。信息技术跨越时空，形成了各种新的组织形式，也改变了传统组织中人际关系的形式。由信息高速公路建立起来的人际关系是远距离的、虚拟的，组织成员是不固定的，建立在这种基础上的人际关系是否可靠？以计算机为基础的通信技术也产生了没有人际关系、没有工作小组的虚拟组织形式，如虚拟办公室、虚拟位置等，这就使个体、合作者与组织之间形成了一种新的关系。虚拟的组织能否可以满足人际交往的需要？这就需要重新思考组织的本质。

虚拟的组织使个体缺乏稳定感和归属感。维克多和斯蒂芬斯指出："传统组织对角色的定位和对工作有确定的描述，而新的组织形式则是由当前任务和工作者的位置来规定的。时间、空间和小组成员的转换就成为责任和考虑虚拟工资的主要因素。在这个世界日益增加的权利和义务的网络化和分散化使传统状态的标志物变得模糊了。"[1]

（二）无边界的趋势

维克多和斯蒂芬斯认为，传统的组织有确定的边界，组织成员是明确的、相对固定的，而信息技术可以跨越时空，可以把不同时空的人连接起来，由它所创造的组织是没有边界的，组织的成员也是不明确的，这就突破了传统关于组织有确定边界的观念，组织的边界如何确定？组织的边界究竟在哪里？这些都是需要研究的内容。

无边界的趋势使组织成员需要不断地适应变化的环境，需要不断地学习。维克多和斯蒂芬斯认为，正如向科层制组织转变发展时人们已经付出了代价一样，新出现的"无边界的、适应性的、学习型组织迫使置身其中的每个人都付出代价"。[2]学习型组织要求每个人不断地学习，以适应环境的变化。

---

[1]　Bart Victor, Carroll Stephens, The Dark Side of the New Organizational Forms, *Organization Science*, Vol. 5, No. 4 (Nov., 1994), p. 481.

[2]　同上。

（三）扁平化的趋势

维克多和斯蒂芬斯指出，扁平型组织使人与人之间的关系发生了变化，这表现在：（1）人与人之间更加相互依赖。他们指出："扁平型组织使得人际关系以一种比以前更加需要和被打扰的方式出现。"❶在扁平型组织中，每个人都处在相互作用和被相互作用之网中。（2）多层面的合作。他们指出："团队和互联网要求新的层面和种类的合作方式。"❷在扁平型组织中，需要不断地扩展社会性的自我，人与人之间更需要多方位的合作。

维克多和斯蒂芬斯指出，扁平型组织导致个体缺乏安全感和不断丧失个人空间。他们指出："这种高速的、高频率交流的工作组织不能提供持续的关系，它没有安全感，没有个人的空间。"❸在这种情况下，忠诚、奉献等传统的价值观将会受到挑战，这对组织发展是不利的。

二、组织形式多样化的趋势

随着信息技术的发展，组织形式必然要发生变化。珍尼特·富尔克（Janet Fulk）、吉拉尔迪恩·德赛克提斯（Gerardine DeSanctis）于1999年指出组织正在从树状型组织向网络式组织转变。传统的典型的工业组织规模较小，在大的组织中存在许多小的亚组织或亚单位。过去的组织像一棵树，有共同的交流树干，它从小的枝杈一直连接到代表最高的管理控制的顶端。信息技术所产生的组织像一个神经系统，是一个多中心的实体，它有不同的中心，用不同的方式来管理和运作。在他们看来，传统的科层组织正在受到挑战。组织的多样化是组织发展的趋势，具体有以下四种基本形式。

（一）电子化、市场化的组织

富尔克等认为，信息技术的发展出现了以电子媒介为特征的组织，它的主要特点有以下几点❹。

---

❶ Bart Victor, Carroll Stephens, The Dark Side of the New Organizational Forms, *Organization Science*, Vol. 5, No. 4 (Nov., 1994), p. 481.

❸ 同上。

❹ 同上。

❹ Janet Fulk, Gerardine DeSanctis, *Articulation of communication technology and organizational form*, Sage Publications Inc，1999, pp.10-14.

1. 以通信系统进行组织设计

富尔克等认为，随着通信技术的发展，经济的发展出现了从物质产品向信息和符号、从产品配送向信息高速公路的转变。与此相联系，组织设计也从传统的重视运输系统向重视现代通信系统转变。它具有两大趋势：（1）朝着全球化的网络组织方向发展。（2）正在改变处理信息的生产系统而不是产品本身。

2. 较小的组织规模

在富尔克等看来，这种组织的特点是规模较小。这是因为：（1）信息技术减少了繁杂的事务和组织成员，使组织集中于核心事务，这就缩小了组织的规模。（2）信息系统也减少了公司之间的相互依赖，增加了公司的独立性。（3）信息技术也减少了交易成本，使组织方面缩小。当然，随着技术的聚集，为了适应新市场的需要，也可能会扩大组织的范围。

3. 市场化的控制

富尔克等认为，组织过去是通过规则、程序、目标进行控制的，是通过多层级来实现的。信息技术则产生了以市场化为特征的新的控制系统。减少了中层管理者的系列，也减少了组织层级。

4. 正确处理集中和分散的关系

传统的组织很难处理好集中与分散的关系。信息技术可以较好地处理好两者之间的关系。（1）球状型组织是以分散为主。信息技术形成了球状型组织，这种组织不是建立在传统的上下级之间关系的基础之上的，是一种授权型组织。在这种组织中应该以分散为主。（2）联邦组织中可以同时做到集中和分散。联邦型组织中的单位都有一定程度的自治性，通信技术可以使具有自治性的地方组织单位能够做出与整个组织目标相一致的决策。通信技术的发展可以同时做到集中和分散，把集中和分散统一起来。

（二）关系和模式化的组织

富尔克等指出，随着通信技术的发展，出现了以关系和模式化为特征的组织。这种组织形式是以横向协调为主的，它有以下几种类型❶。

---

❶ Janet Fulk, Gerardine DeSanctis, *Articulation of communication technology and organizational form*, Sage Publications Inc，1999, pp.16-21.

1. 电子矩阵组织

通信技术提供的电子交流通道取代了传统的组织内部近距离的人员合作才能完成工作的单位划分。由电子工作通道支持的电子矩阵组织是密集交流型的结构，可以同时协调不同类型小组的工作。信息和通信技术使从前无法做到的协调跨越功能和产品的两种性质成为可能。电子技术支持的电子矩阵使远距离的密集交流成为可能，也就扩展了组织活动的物理空间。

2. 网格工程

传统的设计是串行设计，通信技术使用的是并行设计和网格工程。设计者、工程师、供应商、顾客和其他产品相关者可以同时在计算机辅助条件下进行协调，开展设计工作，这就取代了传统的串行设计过程。这种组织强调团队的作用，完成一个网格工程都是团队集体在起作用。

3. 跨功能团队

跨功能团队是通过跨功能的发射台来取代一系列的放手活动，组织成员通过跨功能来达到跨训练。跨功能团队是具有自我管理能力，是一种授权型的组织，这种组织具有整体组织的功能。

4. 少库存或零库存

较少或零库存是生产系统的一部分，这些系统可以根据顾客的需要设计多种产品并且有能力生产这些产品。原材料则是生产产品的基础，把这些原料准时派送到适合的工作站非常重要。如果组织功能很好，系统就会做到较少或零库存。这种组织的相互依赖性更强，对市场的反应更灵活，需要更多横向交流而不是等级制的交流。

5. 横向整合的工作网络

以电子技术为基础的工作网络是以横向整合为基本特征的。这种组织是以媒介等技术而不是以影响、谈判和关系为基础形成的，在组织协调的过程中更多地依赖交流技术。

（三）后科层制组织

富尔克等认为信息技术的发展使科层制组织产生了重大的变化，出现了后科层的组织形式。这种组织形式有以下特征❶。

1. 以协商、交流和影响为根本特征

富尔克等认为，传统的科层组织是以权威、等级和控制关系为主的组织，强调权威、等级和控制。信息技术的发展产生了一种后科层组织形式，它以协商、交流、信任和影响关系为主。在后科层组织中，存在多个组成部分，这就需要使这些不同部分之间加强交流和协商。

2. 强调流动性、灵活性和变通性

富尔克等认为，科层制的原则是比较稳定的，后科层组织则强调暂时性、流动性、灵活性和变通性。组织中的个体并不是固定地在组织的某个位置上，个体可以灵活地、自由地在组织中活动。

3. 通过学习和持续地改进来实现组织目标

在富尔克等看来，传统的科层制是通过保持上级对下级的控制方式来实现组织目标的。后科层组织强调组织目标是通过不断地学习和持续地改进来实现组织目标。由于互联网等信息技术提供了方便的学习条件和新的学习方式，个体可以与组织中的不同成员进行交流和学习，使成员之间的联系不断增强。组织正是通过不断地学习和改进实现组织目标的。

（四）既非市场也非科层的组织

鲍威尔（Powell）认为，随着通信技术的发展，会出现一种既非市场也非科层的组织形式。富尔克指出这种组织形式有以下几种❷。

1. 以价值系统为基础的组织

以价值系统为基础的组织的主要特点如下。

（1）中间环节较少，降低了成本。互联网可以使购买者直接从制造商处购买产品、直接定购航空机票、网络订票的打折不是给旅行社而是给订票者。

（2）增加了处于相同价值链的公司的活动附加值。通过技术手段旅行社可以整合相关资源，在订票、提供住宿、旅游指导等一系列在过去看来比较复杂的

---

❶ Janet Fulk, Gerardine DeSanctis, *Articulation of communication technology and organizational form*, Sage Publications Inc, 1999, pp.14-16.

❷ Ibid, pp.20-25.

产业链中增加附加值。

（3）形成了跨越不同产业并连接着不同价值链的联盟网络。通过信息技术，银行、旅行社、保险、通信等跨产业之间可以连接起来形成价值链联盟网络，这种网络联盟可以同时为供应商、竞争者、顾客、顾问等服务，形成环形的价值链和新的、网络式的、相互依赖的新形式。以这种复杂的、相互连接的价值活动连接起来的组织具有无边界性的特点。

2. 技术联盟和研究与开发一体化的组织

技术联盟出现于20世纪70年代，这是一种非等级化的组织形式。随着信息技术的发展，技术联盟的发展趋势是市场化，这样有助于信息的交换。

通信技术使研究与开发、科学家与工程师、个体之间与公司结合。专家可以跨公司建立组织间的相互联系，这种联系创造了专家团体，使科学家和工程师在某个公司中的一个领域中共同存在，也可以把个体之间的结合与公司连接起来。

3. 新互联网组织

富尔克指出，新互联网的组织形式与市场和科层组织有所不同，它既不是市场的，也不是科层的，而是一种新型的组织形式。鲍威尔描述了这种组织的特征，主要有以下几点。

（1）组织的基础是互补的力量而不是雇用关系。

（2）交流的方式是关系式的而不是惯例的。

（3）解决冲突的方式是通过公平交易的常模而不是管理者的命令。

（4）组织的弹性比科层制要大，但比市场要小。

（5）组织是以利益为重的，可以不拘于任何形式。

（6）通过相互依赖而不是依赖性来控制关系。

（7）组织的结构不是单一的，在科层和互联网中都存在多元的混合体形式。

富尔克等指出，传统的卫星组织中存在一个中心，由这个中心来连接这些卫星组织，是通过通信和集中控制来定位的，是一种等级制的模型。互联网组织不是一个中心组织，而是包括内部和外部组织的结构。它既包括互联网，也包括内部结构，是等级结构。全球互联网组织不是一个具有触角的中心内核的组织，而是稠密的、相互连接的、跨越民族和地域边界的组织，它存在于跨越全球的互联网中。

主要参考文献

一、中文部分

[1] [美]理查德·斯格特.组织理论[M].黄洋等，译.北京：华夏出版社，2002.

[2] [美]查理德·达夫特.组织理论与设计[M].王风兵等，译.北京：清华大学出版社，2008.

[3] [加]加雷斯·摩根.组织[M].金马，译.北京：清华大学出版社，2005.

[4] [美]莎夫瑞茨·奥特.国外组织理论精选[M].竹立家，李登样等，编译.北京：中共中央党校出版社，1997.

[5] [英]亚当·斯密.国富论[M].郭大力，王亚南，译.北京：北京联合出版公司，2003.

[6] [美]弗雷德里克·泰勒.科学管理原理[M].北京：中国社会科学出版社，1984.

[7] [法]亨利·法约尔.工业管理与一般管理[M].周安华等，译.北京：中国社会科学出版社，1982.

[8] [英]比尔纳德.变革时代的管理[M].任润，方礼兵，译.昆明：云南大学出版社，2001.

[9] [美]弗里蒙特·E.卡斯特，詹姆斯·E.罗森茨韦克.组织与管理[M].李柱流等，译.北京：中国社会科学出版社，1985.

[10] [美]弗朗西斯·赫塞尔本等.未来的组织[M].胡书云，储开方，译.成都：四川人民出版社，2000.

[11] [美]詹姆斯·马奇，赫伯特·西蒙.组织[M].邵冲译.北京：机械工业出版社，2008.

[12] [美]威廉·乔伊斯.组织变革[M].张成，译.北京：人民邮电出版社，2003.

二、英文部分

[1] JAY M. SHAFRITZ, J.STEVER OTT. Classics of Organization Theory[M/OL]. California: Brooks Cole Publishing Company, 1992, Third Edition.

[2] JAY M. SHAFRITZ, J.STEVER OTT. Classics of Organization Theory[M/OL]. Belmont: Wadsworth Thomson Learning, 2001, Fifth Edition.

[3] J.STEVER OTT, JAY M .SHAFRITZ, YONG SUK JANG. Classics Readings in Organization Theory [MOL]. Belmont: Wadsworth, Cengagt Learning, 2011, Seventh Edition.

[4] G.A.COLE. Personal Management Theory and Practice [M/OL]. London: D P Publications LTD, 1988, Second Edition.

[5] LAURIE J MULLINS. Management and Organizational Behaviour [M/OL].London: Pitman Publishing, 1989, Second Edition.

[6] MARCH JAMES G. Organizations [M/OL]. New York: Wiley, 1958.

[7] LUTHER GULICK. Papers on the Science of Administration [M/OL]. New York: Institute of Public Administration, 1937, First Pulished, This Edition Published By Routlegy, 2003.

[8] PHILIP SELZNICK. Fundations of Theory Organization[J].American Sociology Review. Vol. 13, No.1(Feb., 1948).

[9] WILLIAM G.SCOTT. Organization Theory: An Overview and An Appraisal[J]. The Journal Of The Academy Management, Vol. 4, No. 1, (Apr., 1961).

[10] MICHAEL KEELEY. Values in Organizational Theory and Management Education[J]. Academy of Management Review(1983).

[11] OLIVER E.WILLIAMSON. Markets and Hierarchies: Analysis and Antitrust Implications[M/OL]. The Free Press, 1975, First Free Press Edition 1983.

[12] MICHAEL C. JENSEN, WILLIAM H. MECKLING. Theory of the Firm: Managerial Behavior Agency Costs and Ownership Structure[J]. Journal of Financial Economics, Vol. 3, No. 4, (1976).

[13] OLIVER E. WILLIAMSON. The Economics of Organization: The Transaction Cost

Approach[J], American Journal of Sociology, Vol. 87, No. 3 (Nov. 1981).

[14] DAVID MECHANIC. Sources of Power of Lower Participants in Complex Organizations [J]. Administrative Science Quarterly, Vol. 7, No.3 (Dec. 1962).

[15] ANTHONY T. COBB, NEWTON MARGULIES. Organization Development: A Political Perspective[J]. The Academy of Management Review, Vol. 6, No.1 (Jan., 1981).

[16] HENRY MINTZBERG. Power in and around Organization[M/OL]. 1983, Prentice-Hall. Inc Englewood Cliffs.

[17] BURTON R.CLARK. The Distinctive College[M/OL]. Originally Published 1970, By Aldine Publishing Company, Transaction Publishers 1992.

[18] MERYL RERIS LOUIS. Surprise and Sense Making: What Newcomers Experience in Entering Unfamiliar Organizational Settings[J]. Administrative Science Quarterly, Vol. 25, No. 2 (Jun., 1980).

[19] EDGAR H.SCHEIN. Organizational Culture and Leadership [M/OL]. San Jossey-Bass, (An Imprint of WILEF) 1985, Forth Edition, 2004.

[20] T.J.SERGIOVANNI, J.E.CORBALLY .Leadership and Organizational Culture [M/OL]. Illinois: University of Illinois Press, 1984.

[21] WILLIAM G.OUCHI. Theory Z: How American Business Can Meet the Japanese Challenge[M/OL]. New Jersey: Addison-Wesley Publishing Company, 1981, Ninth Printing November, 1981.

[22] THOMAS J. PETERS, ROBERT H.WATERMAN JR. In Search of Excellence[M/OL]. 1982, An Imprint of Harper Collins Publishers, 2004.

[23] PETER M.SENGE. The Fifth Discipline [M/OL].Originally Published in Hardcover By Currency in 1990, Published By Doubleday, 2006.

[24] DANIEL KATZ, ROBERT L.KAHN. The Social Psychology of Organizations, 1966, John Wiley and Sons,Inc, Second Edition.

[25] FREMONT E. KAST, JAMES E. ROSENZWEIG. General Systems Theory: Applications for Organization and Management[J], Academy of Management Journal, Vol. 15, No. 4, (Dec., 1972).

［26］MICHAEL T. HANNAN, JOHN FREEMAN. The Population Ecology of Organizations [J]. American Journal of Sociology ,Vol. 82,No. 5(Mar 1977).

［27］JOHN W, MEYER， BRIAN ROWAN. Institutionalized Organizations：Formal Structure as Myth and Ceremony[J]. American Journal of Sociology, Vol.83, No.2(Sep.,1977).

［28］MICHAEL HAMMER, JAMES CHAMPY. Reengineering the Corporation[M/OL]. Harper Collins Publishers, 1993.

［29］JANET FULK, GERARDINE DESANCTIS. Articulation of Communication Technology and Organizational form[M/OL]. Calif：Sage Publications Inc 1999.

［30］BART VICTOR, CARROLL STEPHENS. The Dark Side of the New Organizational Forms[J]. Organization Science, Vol. 5, No. 4 (Nov. 1994).

［31］COOK， S.D.N., YANOW, D. Culture and Organization Learning [J]. Journal of Management Inquiry， December 1993.

［32］PAUL H. RUBIN：Management Business Transations[M]. New York：Free Press, 1990.

后　记

　　我与竹立家教授于1997年共同编译出版了《国外组织理论精选》，在编译过程中比较系统地研读了与此相关的文献。这本书中谈到的组织理论的形成与发展都与特定的背景和问题有关，但当时国内以问题为主线来介绍组织理论的书并不多见。我由此产生了一个想法，就是以问题为中心，揭示组织理论发展历程中重要节点上的思想、观点和方法，顺着这个思路便开始积累资料和拟定研究提纲，着手编写本书。其间时写时断，数易其稿，终于在2012年底定稿了。随即我与知识产权出版社王润贵副总编谈到了这本书，他表示支持出版，并对书稿编写中存在的一些问题提出了修改建议。熊莉、王金之、王岩等编辑亦多次与我讨论书稿，对我启发很大，几位编辑在框架结构、内容安排、文字表述等方面都提出了宝贵意见和建议。在此谨向他们表示衷心的感谢。

　　从接触这个领域到本书的出版，国外组织理论的研究又有了较大的发展。但由于本书侧重经典理论阐述，加上定稿较早，这一领域近年来的最新进展在书中未能得到体现，这也是本书的缺憾之一。特别是信息技术对组织管理的影响，书中只涉及了一部分。网络的发展对组织和管理产生很大的影响，这是需要关注的。在此期间，我国组织理论的研究也有了很大的发展，这一领域已经成为相对独立的、多学科的学术研究领域，特别是以中国实践中提出的问题为导向进行研究已经成为共识。我国组织和管理所面临和所要解决的问题与国外不同，理论基础、社会制度、文化背景也有差异，但针对组织和管理实践中遇到的问题，综合运用系统思维、建构模型、变量分析等方法开展研究，是国内外共同的研究取向。因此，了解国外组织理论的演变历程，对于我国组织理论研究的本土化也是有价值的。

国外组织和管理理论内容很多，本书仅仅是从展示其发展的主要脉络和关键节点的角度，针对主要问题及其解决思路和方法做了概要性介绍。在编写过程中，参考了很多相关文献，已在书中标注，在此一并对作者表示感谢。由于本人水平有限，在编写过程中难免存在不足和错误，恳请专家和读者批评指正。

李登样

2016年3月于北京